CLAUDE CANCÈS
Ancien patron du 36 quai des Orfèvres

LES SEIGNEURS DE LA CRIM'

Avec la collaboration de Matthieu Frachon

Éditions Jacob-Duvernet

À Axelle, l'avenir !

À mes amis randonneurs
et musiciens Gascons

À tous les flics, du 36 et d'ailleurs !

« S'il n'avait pas une haute idée
des hommes et de leurs possibilités,
il continuait à croire en l'Homme »
Jules Maigret

Sommaire

AVANT-PROPOS

J'ai entamé mon deuxième Tour de France consacré aux deux livres sur le 36 quai des Orfèvres. Jamais je n'aurais imaginé que la réflexion de mon fils : « Papa, ça me ferait tellement plaisir si tu écrivais toutes tes histoires de flic », me conduirait dans les librairies, les centres commerciaux, les conférences, les médiathèques, les lycées... Moi, le policier qui passait sur le grill mes interlocuteurs, me voici soumis aux questions. Et finalement, je dois saluer la pertinence de mes lecteurs : ils m'amènent à m'interroger sur ce métier, à trouver des réponses, à réfléchir. Ce fil avec vous, avec ceux qui m'ont lu, ne s'est jamais rompu. Je poursuis même le dialogue avec certains par le biais d'Internet. Quand mon ami Charles Diaz, grand policier, co-auteur de *Histoire du 36 quai des Orfèvres illustrée* et historien émérite, m'a poussé à écrire, je ne pouvais imaginer cela.

— Alors, c'est pour quand la suite ?

Cette phrase, je l'ai entendue à de nombreuses

reprises. J'ai souri, poliment, en pensant « un autre livre ? Pffff... Et comment je joue du saxo avec mes bandas ? Et mes randonnées, ce n'est pas l'éditeur qui va marcher à ma place ! » Six mois par an, dans mon petit coin du Gers, je suis bien tranquille ! Mais il faut croire que je me suis découvert une troisième passion, que l'écriture est aussi une drogue.

Écrire, d'accord, mais quoi ? Bien sûr, je n'avais pas tout dit, il y a des tas d'histoires que je n'avais pas dévoilées. Le 36 est si vaste qu'il est difficile d'en faire le tour en une ou deux fois. C'est en constatant que la Brigade criminelle allait fêter son centenaire que... Non, je vous raconte des histoires : c'est quand mon avisé éditeur a perçu que l'on pouvait faire un bon livre ! L'idée m'a convaincu, j'ai tant de souvenirs de la Crim'. Et puis, cent ans, c'est un âge respectable ! Je vais donc vous raconter la Brigade criminelle, ma Brigade criminelle, telle que je l'ai vécue. Je veux faire des allers-retours avec le passé, entrer dans le bureau de Maigret (dont il sera beaucoup question), monter au troisième étage avec les pires criminels de l'histoire, confronter ce que j'ai vécu avec cette riche aventure de la Crim' depuis 1912.

Si vous prenez autant de plaisir à me lire que j'en ai eu à replonger dans la vie de la plus célèbre brigade du 36, alors j'aurais atteint mon but.

Bien à vous...

Claude Cancès

Chapitre I
2 septembre 1975,
escalier A, 3e étage, Bureau 324

Le 36, évidemment, je connais ! J'ai passé neuf ans à la Mondaine, au deuxième étage. Passionné par mon métier, je n'ai pas gardé l'œil fixé sur mes affaires de mœurs, ni uniquement fréquenté mes collègues de cette célèbre « brigade du *speculum* ».

J'adorais sentir les choses, renifler l'ambiance de l'état-major à l'époque logé dans un étroit bureau tout en longueur, proche de celui du directeur. C'était et c'est toujours, malgré la nouvelle salle ultra moderne équipée d'ordinateurs, le cœur, le poumon, le centre d'aiguillage de la PJ. J'y retrouvais mes « potes » en blouses blanches tachées de bleu comme leurs mains, traces des manipulations des liasses de carbones. Ce service, je pense unique au sein de la police nationale

– 1 000 télégrammes traités chaque jour –, l'a été pour moi du début à la fin de ma carrière le cordon ombilical que je n'ai jamais « coupé ».

Lorsque j'ai intégré la police à Paris, un collègue m'a dit :

– Retiens ces deux numéros : ODÉON 13 32 et ODÉON 81 43. C'est l'état-major. Si tu as le moindre problème, ils auront la solution.

Je n'ai jamais oublié ces numéros et, tout au long de ma carrière, je n'ai cessé de fréquenter, presque quotidiennement mes collègues de ce service, dont je deviendrai le chef en 1987, avant d'être nommé sous-directeur. Tout au long de ma vie de flic au 36, je ressentirai presque physiquement les « vibrations » du 36, les prémices d'affaires importantes, et leur suivi.

Il y a des bureaux dans lesquels je n'allais pas souvent, bien que fréquentant de nombreux collègues de la Crim', c'étaient précisément ceux de cette brigade mythique qui a fait rêver des générations de flics. La Crim', c'était le saint des saints. Moi aussi je rêvais d'intégrer un jour ce service.

Cet objet de fantasme devient réalité le lundi 2 septembre 1975, lorsque Pierre Ottavioli me convoque. Ce Corse aux yeux clairs, peu bavard, a été mon patron à la Mondaine. Tout naturellement, il est devenu le chef de la Crim', s'installant dans le célèbre bureau du commissaire Maigret, le 315. L'entretien peut paraître anodin. Que le patron d'un service reçoive un jeune commissaire de brigade territoriale n'a effectivement rien d'extraordinaire, à un détail près : je ne suis commissaire que depuis un an (comme mon camarade de promotion Patrick Riou qui me rejoindra quelques jours plus tard*). Mais voilà que le lieu me saute à la gorge, en m'asseyant dans un des deux lourds fauteuils (simili-cuir digne de l'administration des années 1930), je songe aux criminels qui m'ont précédé. Je suis assis à la place du docteur Petiot, de Violette Nozière, de Raymond la Science... Je songe qu'ici on a fait tant de fois le « coup de la moquette », cette technique qui remonte sans doute à 1912, dès la création de la Crim', et consiste à emmener ici, dans le seul bureau moquetté de l'étage – celui du patron – un suspect particulièrement retors en fin de garde à vue. Combien de ces hommes ou femmes ont fini par craquer ici, par tout avouer, pressés de questions, acculés par le rouleau compresseur de la Crim' ? Bien sûr, je sais que le patron recueille les fruits du travail d'un ou plusieurs groupes qui ont suivi des pistes, ont exploré le passé, n'ont rien laissé au hasard. Avant, au bout parfois de longs

* Cf. *Ma vie à la Crim'*, Patrick Riou, Éditions Jacob-Duvernet.

mois ou de plusieurs années, de livrer un suspect estampillé « Brigade criminelle ». Je sais tout ça, et je me sens ému, fier aussi, au moment d'intégrer cet étage, celui des « seigneurs du 36 ».

En 1912, le premier surnom qui colle à la Crim' toute neuve, c'est la « Brigade du Chef » Pourquoi ? Sans doute parce qu'elle est chargée des affaires les plus délicates, des crimes les plus mystérieux, des enlèvements, des attentats. Mais aussi parce que son organisation est quasi militaire, très hiérarchisée. Si elle naît en cette année 1912, ce n'est pas un hasard : depuis décembre 1911, la Bande à Bonnot sème la terreur. La lutte contre les bandits en auto est féroce, mais la confrontation avec les Brigades du Tigre l'est tout autant. Le préfet Lépine et le patron de la Sûreté parisienne, Xavier Guichard, veulent un service d'élite qui ne s'occupe que du crime sous toutes ses formes. Lorsque je monte au troisième, je sais tout ça. Je sais aussi que la «Brigade des costumes» reste la «Rolls» du 36, qu'en être membre est un honneur, mais une tâche exigeante, difficile. Ma vie est en train de basculer, je rejoins ces « seigneurs » que j'admirais avec une pointe de jalousie, comme tout le monde. Dans la «maison rivale», rue des Saussaies (siège des anciennes Brigades du Tigre), ne les surnomme-t-on pas avec un brin d'exaspération «les marquis du 36»? J'ai 37 ans, et me voilà «Seigneur», «Petit marquis». «J'espère être digne de la confiance que vous m'accordez.»

C'est tout ce que je parviens à dire à celui que je vais de nouveau appeler «patron», un mélange de respect et d'affection aussi vieux que le lino sur le sol du 36. Entre « Otta » qui parle peu et moi, coincé par l'émotion, l'entretien est un modèle de concision !

Commissaire à la Crim', chargé de trois groupes, je prends possession du bureau 324. La pièce est toute petite, la fenêtre donne sur la place Dauphine, si chère à Simenon. Dans ce réduit, Monique, une secrétaire, parvient à se glisser et à taper sur la bruyante et réglementaire machine Olympia, l'imposant travail administratif d'un commissaire. Je comprends très vite que je pénètre dans un univers très différent de ce que j'ai connu jusqu'alors. Je suis entré dans la police en 1963, juste après mon service militaire en Algérie. Inspecteur, j'ai arpenté Pigalle, j'ai fait mes armes en B.T., brigade territoriale (la PJ de quartier), réglé des affaires de julots casse-croûte (petits proxénètes), regardé chaque jour la « cage » (prison du commissariat) se remplir puis se vider, une affaire chassant l'autre. J'ai profité du travail implacable des gardiens de la paix, vigies de la voie publique. Tout cela me sert et me servira encore, comme Maigret. Mais surtout comme la majorité des flics de la criminelle, j'ai grimpé les échelons, je me suis frotté au pavé parisien, avant de devenir un de « la Crim' ». Le changement de style, de méthode est radical. Ici, tout est calibré, hiérarchisé. Je regarde les groupes, 12 au total, 6 hommes par équipe, avec un fonctionnement immuable depuis 1912. Le dernier entré, le sixième de groupe, se trouve dans la position du « petit jeune qui débute » : à lui les joies du café et des sandwiches à apporter, l'apprentissage de la procédure, l'audition de la concierge ou les poussiéreuses recherches aux archives. Puis, plus ou moins vite, le sixième passe cinquième, quatrième, troisième... Cette hiérarchisation vient des débuts, de 1912, lorsque les hommes de la Crim' étaient d'anciens militaires, aux dossiers irréprochables ; en ce temps béni, ils étaient d'office élevés au grade de contrôleur, un poste très bien payé.

Je sais pourquoi je suis nommé à la Crim'. Nommé, ou plutôt coopté, car cette brigade ne fait décidément rien comme les autres. On n'est pas promu à la criminelle ou muté, mais repéré. Rien à voir avec du copinage, c'est le chef de groupe qui propose au patron un homme dont il a entendu parler, ou avec qui il a travaillé lors d'une affaire. Parisien, banlieusard, provincial... Peu importe, seule la valeur détermine le choix.

On ne décide pas de faire carrière à la Crim', c'est la Crim' qui vous choisit. Le système a ses faiblesses, puisqu'en 1975, lorsque je suis choisi par Ottavioli, une révolution est en marche. « Otta », qui a été nommé quelques mois plus tôt, considère à juste titre que la Crim' ronronne, que certains chefs de groupes ne sont pas à la hauteur. Un renouvellement s'impose. Seule une forte personnalité comme celle de Pierre Ottavioli pouvait permettre un rajeunissement des cadres. En quelque temps, 9 chefs (sur 12 !) sont mutés et 3 nouveaux commissaires, dont moi, arrivent.

J'ai de la chance, cette remise à plat des effectifs me permet d'échapper au bizutage et à la période de « test » que connaissent tous les nouveaux. De plus, la majorité des chefs de groupe a mon âge et j'en tutoie la plupart. Mais pour s'être vu trop beaux certains n'auront pas cette chance. Je me souviens d'un camarade de promotion qui aura laissé son poste dans la lutte avec un vieux crocodile. La Brigade criminelle est une institution, mais surtout une affaire d'hommes. Depuis sa fondation, les personnalités les plus diverses la composent. Moi, l'homme du midi, le Montpelliérain, qu'avais-je en commun avec des taiseux du Nord, des Alsaciens abrupts, des Bretons de granit ? Certains pensaient rouge, ou bleu, ou rose, nous n'avions pas les mêmes goûts, le même style de vie. Mais lorsque nous nous retrouvions en équipe à la Crim', tout cela s'effaçait, nous étions des flics, voilà tout.

La Crim' est ainsi faite qu'elle apparaît comme un ciment, une arme d'élite où l'esprit d'équipe est primordial. C'est une usine qui tourne 24 heures sur 24, les trois-huit du crime, cadences infernales. Je vais d'ailleurs attraper de sérieux maux de tête en tentant de comprendre le système de la « doublure ». Un groupe est dit de « permanence » lorsqu'il assure uniquement les tâches administratives durant le jour. Mais dès 19 heures, il devient « doublure » : au moindre coup de fil, le groupe « dérouille », il est saisi d'une affaire. Il est alors remplacé par l'équipe précédente : c'est la « remontée de doublure ». Ce système complexe, permet à la Criminelle d'intervenir très vite, comme le Police secours de l'homicide. D'ailleurs, le point de départ d'une affaire est le plus souvent un coup de fil au 17. Mais je reste un peu dérouté devant ce système, un ancien me lance alors mi-rigolard, mi-sérieux :

– Si tu savais le nombre de collègues qui ont quitté le 36 sans avoir pigé la « doublure » !

Je me le tiens pour dit et me contente de penser : « Quand tu es de permanence, dis-toi que tout peut arriver durant ces 24 heures ! » L'avenir ne m'a jamais démenti, j'ai été servi au-delà de toute espérance. Parmi les autres sources d'étonnement, j'apprends qu'il y a au sein de la Crim' depuis sa création, un groupe chargé des affaires de fausse monnaie alors passibles des travaux forcés. La BRB (Brigade de répression du banditisme) récupérera ses attributions quelques années plus tard. En attendant, en ce mois de septembre 1975, je ne découvre pas seulement un fonctionnement, mais aussi un décor. J'avais passé neuf ans au deuxième étage comme inspecteur à la Mondaine, et je n'avais rien vu. L'unique fenêtre de mon petit bureau, 15 m^2 douze inspecteurs, « Galanterie et stupéfiants », donnait sur la courette du dépôt des femmes. On l'avait baptisée « la cour des petites sœurs », car les religieuses s'occupaient (et s'occupent toujours) des prisonnières en attente de comparution.

Là, j'ai un bureau pour moi tout seul, ou presque. L'été finissant, j'entends les éclats de voix des boulistes qui se disputent sur cette mythique place Dauphine. À midi, je croise le couple Montand-Signoret qui déjeune au Caveau, immuablement installé près de la fenêtre. J'ai une pensée émue en regardant l'endroit où se tenait l'établissement Les Trois marches, devenu sous la plume de Simenon, la brasserie Dauphine. Mais en 1975, l'Ordre des avocats a déjà remplacé le bistrot historique. De mon troisième étage, je peux voir la Seine lorsque je suis dans le bureau voisin, ou chez le patron. Chaque matin, je débouche sur le palier, passe la tête dans le bureau 305, celui de l'état-major de la Crim', véritable centre nerveux de la Brigade, ses yeux et ses oreilles. Ici, les anciens qui ont quitté le terrain coordonnent les enquêtes, leur immense expérience profite à tous. Sur les murs, les photos de classe de la Crim' depuis 1921. Je vais bientôt figurer sur celle de 1976, elle est toujours prise au moment du banquet de la Brigade, au printemps. Je m'amuse en comparant les styles : comme mes ancêtres de 1921 ont l'air graves, solennels, avec leurs chapeaux melons, leurs costumes sombres, et leurs moustaches. En 1975, même si nous restons « la Brigade des costumes », le jean a fait une percée significative. Les hommes de terrain s'adaptent au style ambiant, c'est à cette époque que l'on dit qu'on a du mal à différencier les flics des voyous. Mais pour un commissaire comme moi, le genre « jean-santiags » est banni. Je me vengerai plus tard lorsque je dirigerai l'Antigang.

Je découvre la géographie particulière des 3e et 4e étages dévolus à la Crim' : c'est pire que ce que j'avais imaginé. J'ai l'impression de passer mon temps à monter et descendre des escaliers. En ce temps-là, existait au 36 un personnage folklorique, héritage du passé : le concierge. Avec sa femme, il occupait un appartement de fonction. Ce gros homme qui avait de la peine à grimper chez lui me faisait de la peine. Aujourd'hui, il n'y a plus de concierge au 36, la Crim'a récupéré les locaux et je serais curieux de savoir si les lieutenants qui occupent ces bureaux savent qu'ils travaillent chez le planton.

Sous les toits, les bureaux des groupes et des procéduriers avaient tous le même style : administratifs, serrés les uns contre les autres, une petite lucarne éclairant mal la pièce. Un brin de personnalisation vient égayer le décor : posters, affiches de films… Au fond de ce 4e, un escalier raide, étroit, casse-gueule, s'ouvre derrière une petite porte. Ici, on ne passe qu'un par un, on monte sous les toits, dans une pièce aujourd'hui blanche et presque clinique. En 1975, elle était grise et moche, les murs suintaient d'humidité. Sur des pinces sèchent des vêtements, j'aperçois du sang, des taches inconnues... C'est le local de séchage, là où les affaires des victimes sont entreposées avant expertises. Je vous laisse imaginer l'odeur. C'est sans doute pour cela que c'est la seule pièce du 36 qui dispose de l'accès à la plus grande terrasse de Paris, le toit du 36. En mai 1968, les flics de la maison montaient ici la nuit voir Paris s'embraser.

En passant dans ces couloirs étroits, semblables

aux coursives d'un navire de guerre, je pense aux surnoms dont on nous affuble : « seigneurs », « marquis », etc. En fait, dès mes premiers jours à la Crim', je ne croise pas de collègue hautain, pas de type qui joue les supermen, non, juste des flics, des « gens de métier » comme Simenon les a décrits. Je me suis longtemps demandé pourquoi la Crim' est, depuis son origine, dotée d'une telle aura, d'une image si prestigieuse. À cause des grands faits divers, de la presse, des livres de Maigret, des films ? Oui, sans doute... Parce qu'elle « baigne » dans le sang, traite les plus belles affaires et parce que nous fréquentons « la misère et la mort au quotidien », du Simenon dans le texte ?

Sans doute un peu tout ça, avec l'image du flic de la Crim' telle que la télévision, le roman ou le cinéma nous la renvoient. Je ne résiste pas à cette mini-tirade de Jouvet dans *Quai des Orfèvres*, magnifique film de Henri-Georges Clouzot datant de 1947, le seul à avoir jamais été tourné dans les locaux de la Criminelle :

— Police ! Ce n'est pas la Mondaine, pas la Volante, c'est la Criminelle ! Rassurez-vous, c'est ce qui se fait de mieux.

On ne peut pas trouver formule plus réaliste, plus conforme à cette image que les gens ont de nous. Au risque de s'attirer des jalousies...

Chapitre II

Des murs chargés d'histoire

Depuis que la Crim' est la Crim', c'est-à-dire cent ans, les fameuses 148 marches qui mènent à ses locaux ont vu passer la fine fleur du vice. J'en avais vu certains lorsque je travaillais à l'étage du dessous, à la Mondaine. Le rituel était immuable et reste encore d'actualité, à quelques variantes près. En 1912, c'était sans doute des inspecteurs à pied, puisqu'il y avait une voiture pour 17 policiers. Depuis, on a plus de moyens et c'est une voiture de service qui entre dans la trop petite cour pavée, un homme menotté qui en sort encadré par deux flics de la Crim'. Puis, c'est la montée des marches, pour certains elle vaut celle de Cannes avec la promesse d'une palme d'or un peu différente. En commissariat, j'entendais mes gars dire :

– J'ai fait un beau crâne.

À la Crim', on ne disait rien, le « client » montait, voilà tout. Comme la plupart des hommes du 36, je m'intéresse à l'histoire de mon métier, et j'ai souvent songé à mes ancêtres de la PJ. L'Histoire de la lutte contre le crime est faite d'avancées, de changements provoqués par les bandits eux-mêmes : la Criminelle fut créée parce que la Bande à Bonnot existait, et l'Antigang en 1964 pour lutter contre les équipes de braqueurs. Parfois, c'est la guerre des polices qui sert de détonateur : on équipe la Crim' parce que la première Brigade mobile concurrence le 36.

Il y a tant de grands flics qui ont aussi monté cet escalier qu'il est difficile d'en dégager un plus qu'un autre. Pourtant, j'ai une tendresse particulière pour le duo qui a servi de modèle à Georges Simenon pour créer Maigret : les commissaires Guillaume et Massu. Car disons-le tout net : le Maigret des débuts n'est pas le meilleur flic de France ; voilà un commissaire qui se saisit tout seul d'une affaire, prend lui-même les suspects en filature et qui n'a pas d'adjoint ! Le directeur du 36 de 1931, Xavier Guichard, invite l'écrivain à épaissir son personnage et lui fait visiter la Crim'. Simenon fait alors la double rencontre déterminante du patron, Marcel Guillaume, et de son secrétaire, Georges Massu. Il va avoir le privilège de les suivre durant plusieurs mois. Je me suis plongé dans les mémoires de ces deux « collègues », j'y ai lu la même passion pour leur travail à la Crim', le même engagement, la même ténacité et la même humanité qui va tant imprégner leur double de fiction, Jules Maigret. Ainsi, Guillaume écrit : « Le bureau d'un policier est un confessionnal où viennent se délivrer de leur cauchemar les âmes tourmentées. Oui, notre rôle ne se borne pas seulement à arracher des aveux après des heures d'interrogatoire, mais à savoir écouter bien des confidences et consoler bien des peines. » J'ai vécu cette situation, vu des hommes à bout qui se confiaient à nous, ce métier n'est qu'humanité.

Avec mon premier patron à la Crim', Pierre Ottavioli, j'ai retrouvé bien des traits de Marcel Guillaume : l'art de faire pousser la chansonnette (l'interrogatoire), l'intelligence, le désir de comprendre, l'exigence, la rigueur, la patience. Il faut croire que ce métier nous façonne, révèle ces qualités. J'ai lu avec passion le récit des affaires que menèrent ensemble puis séparément Massu et Guillaume. Marcel Guillaume, c'est 37 ans de lutte contre le crime, les affaires Bonnot, Nozière, Stavisky, Mestorino. Et Massu, portrait physique de Maigret, massif, fumeur de pipe, qui se lance sur la trace du docteur Satan, Marcel Petiot. Georges Massu, premier flic de France, le commissaire aux 3 257 arrestations ! Ce sont des parcours qui nous semblent exceptionnels, mais qui étaient courants jusqu'aux années 1970.

J'ai relevé dans cette histoire de la Criminelle un point commun entre de nombreux flics, Maigret y compris : Pigalle. Plus exactement, le passage à la brigade territoriale des Grandes carrières, rue Achille-Martinet, doublé d'un séjour au commissariat de la rue Ballu. Pour les Parisiens, Achille Martinet, c'est aujourd'hui une antenne administrative, dans une petite rue de Montmartre. Mais pour moi, ce sont mes débuts dans la police, avec Pigalle comme terrain de chasse, l'apprentissage de Paris la nuit, de Paname sur crime. Mon patron, Pierre Ottavioli, y a sévi, comme Marcel Guillaume et Georges Massu, comme les frères Marlet, Gérard et Richard (futur patron de l'Identité judiciaire), mes amis Jacques Capela et Fernand Chaudieres (morts en service), Pierre Ottavi (futur directeur de la sécurité publique)... Le parcours de ces fameux « seigneurs de la Crim' » a souvent commencé par cet univers de quartier, avec des « bituricides », ses bagarres d'ivrognes meurtrières, ses disputes conjugales qui virent au drame, ses petits voleurs à la tire, ses roulottiers (voleurs dans les voitures), ses casseurs, ses prostituées...

La Crim' épouse l'Histoire, c'est pour cela que

les jeunes policiers se passionnent pour ceux qui les ont précédés au 3e étage du 36. Revenons au début, lorsque la femme du ministre de la Guerre assassine en 1914 le patron du *Figaro*, son mari est entendu dans ces murs. Raoul Villain, qui abat Jean Jaurès la même année, montera aussi l'escalier du Quai des Orfèvres. Violette Nozière, qui empoisonna ses parents, s'effondre en 1933 dans le bureau 315, face à Marcel Guillaume. Puis il y aura Petiot, Jo Attia, les conjurés du Petit-Clamart, les tueurs du FLN, l'assassin du petit Luc Taron qui signait ses lettres « L'Étrangleur », des clochards, des terroristes, les tueurs en série et j'en passe ! Je vais connaître mon lot de « célébrités » durant mes années Crim', et plus largement mes années 36.

J'ai croisé les ravisseurs du Baron Empain, j'ai interrogé les meurtriers du prince de Broglie, j'ai couru après Action directe, je me suis em... sur l'affaire des Irlandais de Vincennes ; mais je n'oublierai jamais le regard de Bernard Pesquet. À la question rituelle « quel est le criminel qui vous a le plus marqué ? », son nom surgit immédiatement.

La presse l'avait surnommé « Le Landru du Val-d'Oise ». L'affaire démarre alors que la France est écrasée par la grande sécheresse de l'été 1976. Le 29 juillet, en fin d'après-midi, un carnage est découvert boulevard Maillot à Neuilly-sur-Seine. De « doublure » ce jour-là, je me rends sur place avec Ottavioli. Un de mes amis m'a récemment raconté comment, en tant que journaliste, il avait ressenti physiquement l'arrivée de la Crim' sur les lieux d'un meurtre : « On avait l'impression que l'on changeait de dimension, que les "patrons" étaient arrivés. » Cette impression est peut-être due au fait que le chef de la brigade et le commissaire de permanence se déplacent toujours sur la scène de crime avec le reste de l'équipe. Il y a aussi la tenue : on ne nous appelle pas pour rien « la Brigade des costumes ». Et puis, *in fine*, la Brigade criminelle est saisie des énigmes, des cas réclamant des investigations poussées. Nous sommes les « aristos » du crime, pour autant, je n'ai jamais vu l'un des nôtres traiter avec mépris un gardien de la paix, un collègue « local ». Certains d'entre eux, repérés sur le terrain, ont même intégré le 36.

Je n'oublierai jamais ce jour-là : l'appartement au quatrième étage est grand, chic, respire l'opulence. Au pied du lit, dans leur chambre, gisent les corps d'Émile et d'Éligia Bergaud, 73 et 66 ans, tués de plusieurs balles de 7,65 mm. Dans les toilettes, le corps de la bonne italienne, Alfia Borgioni, est dans une position grotesque, assise sur la cuvette, sans vie, tuée par la même arme.

Nous nous frayons difficilement un chemin dans l'appartement mis à sac. Le désordre est indescriptible, tout a été retourné, fouillé. On pourrait échafauder mille hypothèses, imaginer un cambriolage qui a mal tourné, ou au contraire un tueur qui masque un triple meurtre. Mais la force de la Crim', c'est justement de ne pas avoir d'imagination. Un jour, Jean-Pierre Duballet, un historique de la Brigade a eu cette formule que je trouve très juste :

— Au début d'une enquête criminelle, toutes les portes sont ouvertes, tout est possible. Notre travail, c'est de fermer ces portes jusqu'à ce qu'il n'y en ait plus qu'une.

On découvre dans ce fouillis une lettre signée d'un certain Bernard Pesquet entrepreneur en peinture. C'est un courrier classique d'artisan en bâtiment. Il y annonce sa venue le 29 juillet pour montrer au couple des échantillons de papier peint. La piste semble belle : un étranger aurait donc été présent sur le lieu du crime le jour même où il a été commis. Dans un premier temps, cela nous semble trop beau, mais rien n'est laissé au hasard et dès notre retour au 36, une recherche sur Bernard Pesquet, sa vie, son passé, ses antécédents est entreprise. La réponse du fichier central ne se fait pas attendre :

— Votre client est fiché. Mais ça date de 1941.

Tout ce que je peux vous dire c'est qu'il s'agit d'une affaire criminelle. Vous aurez le dossier demain matin.

Mais il nous faudra être patients. En ces temps préinformatiques, tout est sur papier et les affaires archivées sont dans un dépôt au Chesnay, dans les Yvelines, à une vingtaine de kilomètres de Paris. On décide d'interpeller Pesquet le lendemain matin. Deux inspecteurs partent à Pierrelaye, dans le Val-d'Oise à côté de Saint-Ouen-l'Aumône pour l'appréhender, j'attends le dossier, sans me faire d'illusion : « affaire criminelle, en 1941, ça peut tout vouloir dire... Ou rien du tout ! » Le téléphone sonne. C'est le collègue du fichier central :

— Pesquet, Bernard, né le 18 mars 1922 à Heugleville (Seine-Maritime) : condamné aux travaux forcés à perpétuité en novembre 1941 pour le meurtre d'un certain Quibel. Grâcié en 1961.

Mais le plus important est d'avoir notre homme assis dans le fauteuil, face à nous, pour l'interroger et aussi l'observer, comprendre qui se cache derrière ce nom. J'espère qu'il n'y aura pas de casse, les inspecteurs Llopis et Cardi sont des bons. De plus, Cardi est un mastodonte qui ne craint personne. Je les appelle pour les prévenir que notre Pesquet est peut-être dangereux.

— Il est avec nous.

— Vous lui avez mis les pinces ?

— Non, il est coopératif.

— Et bien faites-le quand même !

Je crois que personne à la Crim' n'oubliera le regard de Bernard Pesquet quand il entra dans le bureau. J'échange un coup d'œil avec Ottavioli : « si il y avait un portrait du tueur né, il ressemblerait à Pesquet ». C'est la seule fois de ma carrière où j'ai eu ce sentiment, cette tentation de céder à la première impression. Petit, la peau terne, avec des cheveux noirs lissés en arrière, et ces yeux qui fuient les vôtres, évitent la confrontation, mais lorsque vous les accrochez, ces petits yeux noirs vous pétrifient. J'ai lu que les yeux de Marcel Petiot faisaient la même impression. Dès la fouille à corps, nous avons la certitude que c'est notre assassin. Dans ses affaires, nous trouvons la carte de crédit des époux Bergaud.

— Monsieur Pesquet, comment expliquez-vous ça ?

— Je l'ai trouvée dans ma liasse d'échantillons de papiers peints, le client avait dû s'en servir pour noter la référence.

C'est la seule réponse que nous obtiendrons durant les 48 heures de garde à vue. Pesquet reste assis, parfois me « tue » du regard, la plupart du temps, il a les yeux dans le vide. On tente « le coup de la moquette », peine perdue, même Ottavioli ne l'impressionne pas ! J'attends avec impatience le résultat de la perquisition chez lui. Llopis rentre et grogne en secouant la tête :

— Monsieur Cancès, je crois qu'on devrait fouiller à nouveau ce pavillon. On a fait la « perquise » à quatre, mais on devrait y retourner avec les grands moyens. C'est un capharnaüm épouvantable : il y a des épaves de bagnoles, des stocks de peinture.

Je connais le sérieux de l'inspecteur Llopis, je téléphone immédiatement au juge pour une perquisition approfondie en sa présence. Je ne serai pas déçu du résultat : le coffret des bijoux des victimes est d'abord retrouvé, puis les clefs de leur appartement, l'arme du crime et les balles. La matinée s'achève. Un rapide déjeuner et la fouille se poursuit. Les ouvriers armés de pelles et de pioches s'approchent de la porte de la cave. L'inspecteur Jacques Lambé me fait un signe. Il est chargé d'épier les réactions de Pesquet et, là, il a vu quelque chose :

— Il a pâli !

Dix minutes plus tard, les exclamations venues de la cave ne laissent plus aucun doute. Je descends et me penche avec le juge et les autres policiers sur deux corps enveloppés dans des bâches et dans un état de décomposition avancé. L'un des deux corps est celui d'une femme, or le matin même, on a trouvé une carte d'identité au nom de Madame Pesquet. Son mari s'est contenté de grogner :

— Elle a disparu, elle m'a quitté !

Le corps de l'homme est celui d'un certain Franqui, un agent immobilier :

– C'était l'amant de ma femme, je les ai tués tous les deux et voilà tout, dira-t-il à la PJ de Versailles saisie de ce volet de l'enquête. Mais à nous, il ne dit rien. Le triple meurtre de Neuilly ?

— C'est pas moi !

— Mais on a des preuves, on a ton arme, tes balles, les bijoux...

— C'est pas moi !

Nous n'en tirerons rien de plus. À la Crim', tout le monde se pose la même question : Bernard Pesquet avait été libéré en 1961, il est arrêté de nouveau en 1976 : qu'a-t-il fait durant ces 15 années ? Je suis comme la plupart de ceux qui ont travaillé sur cette affaire, persuadé que ces cinq meurtres n'étaient qu'une partie de son tableau de chasse. L'énigme restera entière. Ces questions sans réponses font partie de la carrière d'un flic. Si l'on résout la grande majorité des crimes de sang, ceux qui restent un mystère nous hantent jusqu'à la fin de nos jours.

Chapitre III
Nos jeunes années

Les institutions comme les hommes doivent bien naître un jour. Moi, je suis « né » à la brigade criminelle en 1975. La Crim' avait déjà 63 ans. Si l'on sait pourquoi j'ai été appelé dans ce service, le grand public sait moins pourquoi est née la Criminelle. Comme je l'ai déjà précisé, en police, les avancées se font parce que les voyous ont inventé un nouveau *modus operandi* ou parce qu'un manque de moyens criant apparaît. En décembre 1911, le premier braquage en auto a lieu rue Ordener à Paris. Jules Bonnot, cerveau de l'opération, a transposé en France les méthodes de la pègre anglaise. Ce mécanicien de 35 ans a vécu à Londres où il aurait été le chauffeur du père de Sherlock Holmes, l'écrivain Arthur Conan-Doyle. Jamais dans la jeune histoire de l'automobile, on n'avait songé à l'utiliser pour s'en prendre au point faible du système bancaire : la circulation de l'argent. Bonnot est donc l'ancêtre des braqueurs de transports de fonds, un Ferrara version 1912. À une exception près, son « fourgon » se nomme Caby, un encaisseur non blindé qui se déplace à pied et serre sa sacoche contre son ventre. L'attaque est violente, l'employé de la Société générale ne devra la vie sauve qu'à la myopie de l'un des braqueurs, Raymond la Science, qui lui tire deux fois dessus.

Ce n'est pas ce braquage là qui va entraîner la naissance de la Brigade criminelle. C'est la suite de l'épopée de la Bande à Bonnot. Ce qui met le feu aux poudres, c'est lorsque les voyous abattent l'agent de police Garnier en plein jour, à Paris, à la suite d'un accident de la circulation. Pour l'anecdote, le gardien Garnier est tué par Octave… Garnier, devant le restaurant… Garnier, face au début de la rue… Garnier ! Ceux qui ne croient pas aux coïncidences seront surpris ! Le 36 est battu sur son propre terrain par la maison concurrente : la première Brigade mobile. Le patron de ce qui est alors la Sûreté parisienne, Xavier Guichard, insiste pour que soit créée une brigade disposant de moyens et dédiée à la résolution des crimes au sens large. Je suis toujours impressionné par cette époque que l'on qualifie de belle. Songez que les policiers en civil n'étaient pas armés, qu'il n'y avait que deux lignes de téléphone au 36 et que les autos étaient inexistantes. Pour moi qui ai connu la dernière Traction Avant lors de mon arrivée au Quai des Orfèvres, je mesure l'absence de réponse face à une criminalité galopante. 130 000 affaires traitées par la PP (Préfecture de police) en cette année 1912. Un chiffre à méditer pour ceux qui parlent d'insécurité aujourd'hui ! À Paris, on n'ose même plus aller au spectacle de peur d'une mauvaise rencontre, les fameux Apaches ne sont pas du folklore ; ils tuent et frappent le bourgeois sur les grands boulevards et peu importe qu'il y ait du monde ou pas !

Avant même d'être née, la Crim' a eu son premier mort : le commissaire Jouin, un colosse au courage physique exceptionnel abattu par Bonnot alors qu'il n'était pas armé. Jamais plus, les hommes du 36 ne monteront sur une interpellation, même anodine, « à poil ». Vous voyez comme l'Histoire est une suite d'événements, pas un fatras sans queue ni tête : le secrétaire de ce « mort victime du devoir » est un certain Marcel Guillaume, dont j'ai parlé plus haut.

Et moi, mes débuts ? Je n'ai pas eu un gang d'assassins du type Bonnot à poursuivre, ni un tueur en série, mais ce n'était pas mal tout de même… Jean-Claude Vella, alias « Petites pattes », était un beau voyou, mais le 13 septembre 1975 à

2 heures du matin, son corps est découvert dans le coffre d'une Peugeot 304. Détail piquant, la voiture était stationnée à 500 mètres de chez moi ! Je suis donc, sans surprise, le premier sur les lieux. Le cadavre est « propre » : une seule balle dans la tête, le costume de chez Cardin qu'il porte n'a même pas été éclaboussé. Dans ses poches, une seule chose, sa carte d'identité. Le crime est signé : le milieu a exécuté l'un des siens. Très vite grâce à un informateur, nous avons le nom des tueurs. Mais il nous sera impossible de réunir la moindre preuve matérielle. Quant aux alibis, c'est fou le nombre de parties de cartes qui réunissent les suspects dans ces cas-là ! Je connaîtrai parfois ce goût amer de l'affaire non résolue, et que la victime ne soit pas un ange ne change rien, un homme est un homme.

Dans ces années 1970, la guerre des gangs fait de nombreuses victimes. En jeu : les machines à sous, la drogue et les filles. À défaut de Bande à Bonnot, je croise la trajectoire des frères Zemmour, les Z, ceux qui serviront de modèle à Alexandre Arcady pour son film *Le Grand pardon*. Ces pieds-noirs aux costumes impeccables mais voyants ont souvent été entendus à la criminelle. Stars des années 1970, ils vont « dégringoler » les uns après les autres sous les balles de leurs concurrents. Ils seront mes premiers « beaux mecs ». Je n'aime pas beaucoup cette expression, mais elle fait partie du langage flic. Cela ne veut pas dire pour autant que nous ayons une quelconque fascination pour les habitués des fichiers du grand banditisme.

D'ailleurs, aux premières heures de la Crim', il n'est pas encore question de grand banditisme. À l'exception de la Bande à Bonnot, les voyous sont isolés, le « Milieu » n'existe pas et la Crim' s'attaque aux cambriolages qui tournent mal, aux crimes passionnels, aux règlements de compte entre petits Julots casse-croûte, macs sans envergure. La fameuse affaire Casque d'Or n'est d'ailleurs rien d'autre.

La charge de travail reste importante à la Crim'. Pour ma première semaine, en cinq jours, ma section va « dérouiller » sur pas moins de quatre cas. Trois homicides et un attentat à l'explosif. Cochon de métier ! Parfois, on enchaîne les affaires avant une période de vide sidéral. Je n'ai pas eu le temps de me poser beaucoup de questions pour mes premiers pas au sein de la brigade. Toujours au regard du passé, et d'un avenir qui sera tumultueux, j'ai la chance d'entrer à la Crim' dans une période de relative stabilité. Pierre Ottavioli est un patron incontestable et incontesté, nous ne sommes pas dans la tourmente des événements comme durant l'occupation ou la Guerre d'Algérie. De plus, fait rare comme je le constaterai amèrement, les politiques nous foutent une paix royale. La brigade est sur les rails. Ce qui a été le cas aussi après sa création en 1912. Le nouveau directeur de la toute neuve Police judiciaire (créée en 1913), Henri Mouton* ne savait en fait pas trop quoi faire de cette Brigade spéciale chargée des homicides, des braquages et de la fausse monnaie. Donc, Monsieur Mouton a envoyé mes ancêtres de la Crim' à l'école. Avant d'être nommés, ils ont tous dû passer le Brevet de police technique. La guerre de 14 les a vu traquer, avec ceux de la Mondaine, les espions au service de l'Allemagne. J'ai souvent songé aux périodes d'après-guerre, lorsque tout se reconstruit et que, forcément, la criminalité change, évolue, s'adapte. Et ce début des années 1920 ne dérogera pas à la règle avec la naissance d'un phénomène que je verrai mourir : le Milieu.

En 1975, la guerre des gangs dans laquelle je me retrouve est assez semblable à celle de ces années 1920. À quelques détails près : « Messieurs les hommes » avaient laissé tomber le style Chicago, façon Al Capone, alors très en vogue. Et puis, dans les années folles, ça tombait comme des mouches ; les Corses faisaient régner la sacro-

* Henri Mouton est, à ce jour, le seul magistrat à avoir jamais dirigé la Police judiciaire.

sainte *vendetta*, transformant le pavé parisien en annexe d'un champ de tir. C'est déjà à cette époque que l'on peut mesurer la capacité d'adaptation de la Criminelle. Une brigade antiracket est créée en son sein et la lutte contre le gangstérisme devient plus efficace. De la même manière, en 1978, je verrai la création de la Section antiterroriste (SAT) qui ne chômera pas. La Crim' de mes débuts est aussi « allégée » de quelques tâches. C'est ainsi que seront créées, en 1964, la Brigade de recherches et d'intervention (BRI), vite baptisée l'Antigang par la presse, et la Brigade de répression du banditisme (BRB). Cela permettra à la Crim' de se recentrer... sur son corps de métier.

Une chose me frappe aussi à ce moment-là de mon apprentissage : la diversité des mondes que la Crim' explore. Au cours de ma carrière, je vais avoir affaire à des P-DG, des hommes politiques, des mafieux, des cambrioleurs, des maris cocus, des femmes trompées, des terroristes, des braqueurs et j'en passe ! Leur ciment, c'est le crime. À nous de nous adapter à cette humanité bigarrée, hétéroclite. Je ne peux qu'approuver les paroles de Gustave Macé, grand flic de la fin du XIXe siècle : « Le crime a toujours pour mobile l'amour ou la haine, la vengeance, l'ambition, l'orgueil ou la cupidité, et quelquefois même souvent plusieurs de ces passions réunies. »

Ainsi, en pleine affaire de Broglie, au cœur d'un des plus grands scandales de la Ve République, alors qu'une pression énorme pesait sur la Crim', je suis témoin d'une scène surréaliste. À 9 heures du matin, après une courte nuit, j'arrive au 36 et passe la tête dans le bureau du commissaire, André Bizeul. Mon café du matin manque faire un voyage de retour : l'odeur, la fumée âcre du mauvais tabac brun me saisissent. Mes yeux s'écarquillent devant la vision d'un clochard digne des pires tableaux de la misère humaine, avachi sur le fauteuil, la bouteille de rouge qui décape posée sur le bureau. Je lance un rapide et urgent : « Salut Dédé, ça va ? » et referme vite la porte pour retrouver un semblant d'air respirable. J'ai du mal à ne pas sourire devant le contraste entre le cas du prince de Broglie et cette vision. Bizeul et son inspecteur ont bu, sans façon, le coup avec la cloche, l'entraînant sur la pente des aveux, appliquant à cette banale affaire, une bagarre d'ivrogne qui a mal tourné, la même méthode que sur notre affaire d'État. Je l'envie presque ! Au moins il ne reçoit pas un coup de fil impératif et hiérarchique toutes les heures, avec son « bituricide », c'est bien lui le plus heureux !

J'ai de la chance en arrivant en 1975, et je ne le sais pas encore. Je profite de l'allié indispensable de tous les policiers de la brigade criminelle : le temps. Je ne peux imaginer que cela ne sera pas toujours le cas et que je vivrais l'angoisse de la traque du terroriste qui peut frapper à tout moment ou du kidnapping à l'issue incertaine. Sans oublier « Michel le fou » qui nous narguera au téléphone en annonçant ses prochains meurtres ! Mais nous en reparlerons plus loin.

Depuis les débuts de cette brigade, tous les policiers jouent avec le temps, savent qu'un dossier n'est jamais clos, qu'un criminel retors finit toujours par commettre une erreur. Service de Police judiciaire à part, car il démarre du fait pour aller à son auteur, la Crim' a tout au long de son histoire laissé du temps au temps. J'ai souvent eu l'impression d'être au sein d'une brigade qui agissait comme un gros chat malin. Une sorte de félin qui enregistre tout et finit par lancer sa grosse patte sur la souris qui court en tous sens pour lui échapper. Je n'étais plus au 36 lorsque le tueur en série Guy Georges a été identifié, mais je connais l'angoisse d'une course contre la montre. D'ailleurs, au moment où j'écris ces lignes, un tueur sème la terreur dans la région toulousaine*. L'histoire du crime est un éternel recommencement.

---

* Il s'agit de Mohamed Merah qui sera mis hors d'état de nuire par le Raid le 21 mars 2012. Qu'il me soit permis de préciser que le tueur a pu être rapidement identifié grâce au travail remarquable de la PJ et de la DCRI.

Chapitre IV

Le temps est notre affaire... ou pas

Une affaire chasse l'autre, croit-on. Pourtant, je pense que c'est une des caractéristiques de la Crim', il y a des dossiers qu'on ne referme jamais et qui, parfois, sont résolus des années plus tard. Pour nous, il n'y a pas de crime parfait, impuni, on ne l'accepte pas. Peu importe que le meurtre ait eu lieu dix ou vingt ans auparavant, on fait abstraction de la prescription, on trouve le moyen de relancer l'instruction, de ne jamais refermer le dossier... J'ai déterré récemment en travaillant sur ce livre l'emblématique dossier Toureaux.

En juin 1937, une jeune femme tombe de son siège lorsque le métro s'arrête à la station Porte Dorée. Elle a un couteau Laguiole planté dans le cou et baigne dans son sang. Laetitia Toureaux est une jolie veuve de trente ans, une ouvrière qui reprend goût à la vie. Elle aime danser dans les guinguettes au bord de la Marne. Les inspecteurs de la Crim' mènent leur enquête et constatent que la victime avait un autre travail comme vestiaire dans un bal, rue des Vertus (sic). On leur affirme que la belle était la maîtresse d'un homme haut placé au sein de la Cagoule, cette organisation d'extrême droite qui a juré de renverser la République. Les pistes se croisent, la presse fait de Laetitia une espionne des services de renseignements militaires, assassinée parce qu'elle avait été démasquée. Petit à petit, les pistes finissent en cul-de-sac, l'enquête s'enlise, le dossier prend la poussière. Puis, ce fut la guerre, l'épuration, la lutte contre Émile Buisson, Pierrot le Fou, l'Algérie, les attentats de l'OAS. On peut imaginer la surprise de Max Fernet, directeur du 36, lorsqu'il reçoit un matin de 1962 une lettre où un homme qui se dit médecin à la retraite s'accuse du meurtre de Laetitia. Amoureux éconduit, il affirme l'avoir poignardée dans le métro, donne des détails. Vingt-cinq ans après le meurtre, le patron de la PJ, ancien chef de la Crim' fait rouvrir le dossier pour une rapide enquête. Tout correspondait, l'auteur de la lettre était bien le meurtrier. Max Fernet ne se lança toutefois pas dans la traque et l'identification du criminel, il classa l'affaire, la prescription l'imposait. Mais ce crime-là n'était pas irrésolu, même si l'anonymographe aux remords tardifs ne sera jamais inquiété.

L'implication des hommes de la Crim' peut sembler étonnante, j'ai même entendu « malsaine » dans la bouche de certains petits penseurs dont l'esprit ne dépasse pas le boulevard Saint-Germain. Lors de l'affaire Guy Georges, les enquêteurs gardaient sur leur bureau les photos des jeunes filles victimes du tueur en série. Certains les conservaient même dans leur portefeuille. Mais il n'y a là que de l'empathie, un désir de résoudre l'affaire, une pensée humaine et simple : « J'aurai celui qui a fait ça. » Qu'on me comprenne bien, il ne s'agit pas de justice ou de vengeance, il s'agit juste de mener à bien notre tâche. Temps ou pas temps, c'est nous, policiers de la Criminelle qui avons les familles des victimes en face, celles à qui on annonce les mauvaises nouvelles, celles qu'on doit réconforter parfois. Combien de fois ai-je du annoncer un odieux « non, il n'y a rien de neuf », aux proches ? Alors, quand un jour on peut appeler un père, une mère, un frère ou une sœur et dire : « Ça y est, on l'a eu », on sait que le boulot est fait, on se sent utile, en paix avec soi-même. Lorsque l'on se penche sur la riche histoire de la Crim', on est surpris par certaines dates. J'exhume parfois des dossiers où il se passe plus de dix ans entre les faits et l'arrestation du criminel. Revenons à Guy Georges. Le premier meurtre du tueur de l'Est parisien a lieu en 1991. Il ne sera arrêté qu'en 1998. C'est un des cas les plus angoissants, un de ceux où le temps est notre ennemi. Car le tueur en série est sans doute la pire chose qui puisse nous arriver.

J'ai traqué le grand frère en monstruosité de Thierry Paulin et de Guy Georges, il signait ses crimes « Michel le Fou ».

Le lundi 26 décembre 1977, Police secours découvre le corps d'Yvonne Leroy, 76 ans, dans son appartement rue Orfila dans le XXe arrondissement. La Crim' est saisie, je suis de permanence et me rends sur place. Le rouleau compresseur de la brigade est en marche. Ottavioli (le patron), le chef de groupe, ses hommes, le procédurier, et donc moi même, le commissaire de service. Depuis plus de deux ans que je suis à la Crim', cette organisation immuable ne cesse de m'impressionner. Sur place, rien n'est laissé au hasard. L'IJ (Identité judiciaire) intervient en premier. Là encore, depuis 1912, certaines procédures perdurent : respect de la scène de crime, photos, relevés des traces, récolte des indices. C'est tout l'héritage de Bertillon qui se déploie sous mes yeux. Pendant ce temps, les policiers du groupe se dispersent pour l'enquête de voisinage, un éparpillement méthodique. Chaque appartement va recevoir la visite d'un inspecteur, non seulement dans l'immeuble mais aussi dans les bâtiments voisins.

Commerçants, facteurs, livreurs, personne ne va échapper à cette enquête. S'il le faut, toute la rue, tout le quartier, tout l'arrondissement vont y passer, ça prend le temps qu'il faudra, mais ce sera fait. Même les voisins en vacances seront entendus, on attendra leur retour, voilà tout. Je me souviens que, dans certaines affaires, des citoyens en maillot de bain ont vu arriver sur leur lieu de congés des policiers venus leur poser des questions. Voilà encore cette notion de temps qui apparaît, pour tout vérifier, explorer toutes les pistes, ne rien laisser au hasard.

Je ne pouvais imaginer que, dans cette enquête, le temps deviendrait notre ennemi.

Au départ, cela semble une « classique » agression contre personne vulnérable, un meurtre crapuleux sur une vieille dame. Ne croyez pas que je joue les blasés, le flic blindé, insensible. En cinq ans de brigade, je verrai une centaine de scènes de crime et jamais je ne resterai indifférent, froid. La victime a été étranglée, dévalisée, une inscription étrange orne l'un des murs : « Bonnie and Clyde : Michel le Fou ». En général, ce type d'agression est l'œuvre de petits loubards, voyous sans envergure, cambrioleurs à la petite semaine. L'enquête va vite s'orienter vers un étrange jeune homme, ce sont les voisins qui nous le signalent. Il se nomme Michel M., c'est un Grec qui venait souvent rendre visite à la vieille dame. Le prénom fait immédiatement tilt dans nos esprits, voici une porte qui s'ouvre, peut-être la bonne. Son comportement étrange, son lourd dossier psychiatrique et le mode opératoire font de lui très rapidement notre principal suspect. Mais Michel le Fou n'est pas « logé ». Il vit au jour le jour, passe d'hôtels meublés en garnis minables. Tout le passé de l'homme est exploré, on recherche ses relations, sa famille, mais en vain. Sa mère est malade et ne nous apprend rien. Sa photo est diffusée dans tous les services : 1,70 m, cheveux longs, des pattes qui lui descendent bas sur le visage. Dans ces années 1970, c'est une allure courante pour un homme de 23 ans. Une seule lueur d'espoir, tout de même : Mireille, son ancienne petite amie, a été retrouvée. Elle confirme que Michel est un homme dangereux. Le 4 janvier 1978, un coup de fil arrive à la Crim' :

— Allo ? Je suis Michel le Fou. Je voudrais parler aux flics qui s'occupent de l'affaire de la petite vieille de la rue Orfila.

Habitué aux coups de téléphone pour le moins bizarres, qui atterrissent au 36, l'inspecteur de permanence fait venir Jean-Pierre Birot et lui tend le combiné. Très vite, cet inspecteur chevronné comprend que ce n'est pas bidon, qu'il a l'assassin en ligne. « Le Fou » n'a qu'une exigence, une obsession : il veut qu'on lui amène Mireille, il se rendra après. Puis il raccroche. Quelques heures plus tard, il rappelle.

— Alors, vous l'amenez la petite ?

— Non, vous croyez que ça se passe comme ça ? Ce n'est pas facile...

Très vite, le « Monsieur, vous » formel laisse la place au tutoiement. Jean-Pierre le fait parler, tente de démêler une conversation de plus en plus confuse. Il se rend compte, au fur et à mesure des coups de fil, que Michel le Fou bredouille, se coupe, part en vrille, il est de plus en plus alcoolisé.

La journée se termine par un dernier coup de fil, tard. Il parle enfin du meurtre :

— Tu vois, Jean-Pierre, j'avais besoin d'argent, pour Mireille. J'étais confiant ce soir-là, j'étais avec Mireille...

(silence)

— Oui, Michel, je t'écoute.

— Elle était trop bousculée, elle n'y est pour rien... C'est moi...

Il donne des détails, explique comment il est rentré chez Madame Leroy, affirme dans son délire qu'il avait des relations intimes avec la vieille dame contre de l'argent. Jean-Pierre tique, ce profil de gigolo ne cadre pas avec l'affaire.

— Tu sais, Jean-Pierre je ne suis pas un mauvais garçon, dit encore Michel le Fou avant de raccrocher.

Je suis à côté. Comme Birot, je suis persuadé que nous avons le tueur de la vieille dame au téléphone. Nous sommes même certains qu'il rappellera. On se regarde, chacun avec la même pensée. Je romps le silence le premier :

— S'il recommence, on est mal.

Nous ne nous trompons pas, « Le Fou » rappelle, au rythme de quatre à cinq fois par jour. Les dialogues avec Birot atteignent des sommets de surréalisme. On a fait venir Mireille mais ces conversations à trois ne font rien avancer. Michel le Fou la traite de salope, puis la minute d'après s'excuse, dit qu'il l'aime. On pourrait s'étonner que nous ne parvenions pas à le loger, les appels duraient parfois plus de vingt minutes. Mais nous sommes en 1978, les moyens techniques sont alors limités et la pesanteur administrative fait que ces localisations-là demeurent exceptionnelles, réservées aux enlèvements et au terrorisme. Ah ! Si Michel le Fou avait attaqué un sénateur, même un petit...

Le 6 janvier, je l'ai au bout du fil, il a désormais l'habitude de parler à Jean-Pierre ou à moi-même.

— Claude, passe moi la petite, me dit-il.

— Non, c'est fini, je ne te la passe plus.

Ce jour-là, nous décidons de jouer la fermeté,

Jean-Pierre fera également l'agacé devant les caprices du tueur.

La nuit suivante, le 7 janvier , on découvre le corps de Jeanne Queverue, 73 ans, étranglée chez elle, au 24 rue des Dames. Sur le mur, le même message « Bonnie and Clyde : Mireille, Clyde, Michel le Fou ». Nous sommes blêmes ! En relisant les P.V. de cette affaire, je ne peux m'empêcher aujourd'hui de penser que j'ai une responsabilité dans cette mort. Même si je sais que ce n'est pas exact, que l'esprit malade de Michel le conduisait de toute façon à l'assassinat. Ottavioli décide d'alerter la presse et de diffuser sa photo dans les journaux. Le lendemain, le 8 janvier, Michel rappelle et tombe sur moi :

— Vous avez réfléchi pour la petite, vous me l'amenez ou pas ?

— Pourquoi ?

— Il y a un autre cadavre.

— Oui, on le sait.

Je serre le combiné téléphonique si fort que mes doigts blanchissent. On a franchi un cap, il nous fait du chantage au meurtre, c'est ignoble. Je le fais parler, il donne des détails sur le crime de la veille, je suis anéanti, furieux. Mais au coup de fil suivant, il réserve à Jean-Pierre un autre scoop :

— T'es pas au courant de Simone Rimlinger, 24 rue de Tanger ?

Jean-Pierre est interloqué, il réagit très vite. Une autre équipe de la Crim' travaille sur cette affaire, sans avoir établi de lien avec le tueur. « Le Fou » serait-il en train de nous avouer un autre meurtre ?

— C'est quoi ça, là ?

— Ben, je sais pas, demande à la petite, elle va te le dire.

Mireille prend le téléphone

— Non, je ne me rappelle pas.

Hors ligne elle dit à Jean-Pierre que c'était une histoire de chèque sans provision. Michel s'énerve.

— Dis-lui qu'on l'a flinguée le soir du 25 novembre 1977 !

Puis il donne des détails, un chien noir dont Mireille s'occupait, un appartement au 6e étage. La jeune femme se trouble, bredouille que « ça lui dit quelque chose. » Jean-Pierre se fait plus pressant, en bon chien de chasse de la Crim' :

— Dis Michel, tu l'aurais pas tué devant elle ?

— C'est elle qui a voulu, d'abord !

Dans le bureau, l'atmosphère est tendue, il vient de nous avouer un autre meurtre, plus ancien, ça lui fait trois victimes au compteur. Nous vivons dans l'attente des coups de fil. Il faut amener Michel le Fou à se rendre, à nous fixer un rendez-vous, je suis persuadé que ces appels téléphoniques sont notre seule chance. Mais le temps n'est plus notre ami. Le Fou peut frapper, tuer, et continuer à nous narguer. Je décide de poursuivre dans la voie de la fermeté. Il rappelle le 9, j'ai préparé mon affaire :

— J'ai quatre choses à te dire.

— Quatre choses ?

Je sens une certaine anxiété dans sa voix, il se rend compte qu'il ne mène plus le jeu.

— La première, c'est que tu es un lâche et que tu ne prends aucun risque en assassinant des personnes âgées. Deuxièmement, jamais on ne te permettra de rentrer en relation avec Mireille, sauf dans nos locaux...

— Ça veut dire ?

— Ça veut dire que tu ne pourras pas voir Mireille en dehors de chez nous. Troisième point : ta photo sera publiée à la télévision et dans les journaux. Si tu veux éviter ça, tu as intérêt à venir nous voir très vite. Quatrièmement : tu devrais penser à ta petite maman qui est très fatiguée.

Je sens qu'il perd pied, la suite de la conversation est décousue, il tente de reprendre l'avantage. Puis il raccroche en promettant de rappeler. Le lendemain, sa photo s'étale à la une des grands quotidiens. *France Soir*, *L'Aurore*, *Le Matin*, *Le Parisien libéré*. Aucun ne manque à l'appel. Je sais que nous risquons d'avoir provoqué sa colère, qu'il peut tuer de nouveau par défi, par vengeance. Mais je ne le crois pas, je pense qu'il a besoin de parler, qu'il veut sincèrement se livrer, mais qu'il oscille entre la raison et la folie. Un jour se passe, puis deux, Michel le Fou ne téléphone plus, les hommes de la Crim' sont inquiets. Plus d'une semaine s'écoule, j'ai l'œil rivé sur le télex, angoissé à l'idée d'un nouveau meurtre signé « Bonnie And Clyde ». Mais rien, la vie criminelle ordinaire continue. « Le Fou » semble se terrer. Le 17, enfin, vers 16 heures, la ligne directe attribuée aux appels de notre tueur se réveille :

— Allo ! Allo !

— Claude ?

— Oui, c'est moi.

— C'est Michel !

Durant plusieurs minutes, il parle de sa reddition. Je comprends qu'il est cuit, à point !

— Mon affaire est grave, hein ? Tu sais, Claude, je ne veux pas rester enfermé à vie. La vie est belle, merde ! Et puis il y a Mireille. Tu crois qu'elle pourra m'écrire deux fois par semaine ? Et il y a l'alcool ! Je suis alcoolique, Claude, comment je vais faire en prison ? Je dépense 200 à 300 balles par jour dans les boissons. Tu crois qu'on me laissera boire ?

— Je ferai tout ce que je peux, Michel, mais je ne peux rien te promettre, tu le sais.

Le silence s'installe, puis il soupire, tente de biaiser, de trouver une échappatoire. Une dernière pirouette :

— Je te rappelle à 19 heures.

Je retrouve cette angoisse de l'attente près du téléphone que je connais bien depuis que la mode est aux enlèvements avec demande de rançon. Je ne peux évidemment imaginer que, dix jours plus tard, démarrera l'affaire Empain !

— Claude ?

— Oui.

— Bon, alors ça y est. Tu veux me donner un rendez-vous ?

— Tu es où là ?

— Je suis dans le 15e.

Il est avec sa compagne du moment, Marie-Jeanne. Il s'inquiète des détails, demande à voir sa mère, puis, enfin, il lâche une adresse, celle d'un café.

— 9 place du Général-Beuret, je serai au fond de la salle, avec un costume marron.

— On arrive.

— Dans combien de temps ?

— Une demi-heure.

— D'accord, à tout de suite.

— Au revoir.

— Au revoir.

Jean-Pierre est déjà debout, le chef de groupe

Robert Fleury aussi, on dévale les escaliers du 36, les collègues se plaquent contre le mur, ils ont compris. Voiture, portières qui claquent, gyrophares deux tons... On coupe le lancinant « ton, ton ! Ton, ton ! » en arrivant, on a mis 8 minutes !

Il est là, au fond du café, devant un demi avec Marie-Jeanne. On s'assoit, on commande une tournée, il bredouille. Je regarde les autres, « il est bourré ». Il commence à parler, Jean-Pierre le coupe :

— Michel, pas ici, on sera mieux au 36 pour discuter.

— Oui, t'as raison.

On se lève et on sort, on ne le menotte pas, tout se passe en douceur, c'est fini.

Michel M., alias « Clyde », alias « Michel le Fou » , ne sera jamais jugé pour les trois meurtres de vieilles dames qu'il a commis. Selon les termes de l'article 64 du Code pénal, il a été reconnu irresponsable et envoyé dans un asile psychiatrique. Je n'ai jamais su ce qu'il était devenu, mais tous ceux qui ont travaillé sur cette enquête se posent encore la question : « A-t-il commis uniquement ces trois meurtres ? »

N'y en a t-il pas d'autres que nous ne découvrirons jamais ?

CHAPITRE V
AVEUX : L'HEURE DE VÉRITÉ

Je poursuis mon « apprentissage » en découvrant combien la culture de l'aveu, cette science inexacte qui a parfois conduit des innocents en prison, pèse sur la Crim'. Je vais rester pantois devant « la chansonnette », méthode d'interrogatoire qui remonte sans doute au premier policier face au premier suspect, autant dire à l'arrière grand-père de Vidocq. Il y a pourtant une nuance de taille : le recours au passage à tabac était fréquent jusque dans les années 1920. Puis il a disparu, heureusement, remplacé par la psychologie, la confrontation, l'encerclement lent du criminel par le policier. Oh ! Je ne dis pas qu'à mes débuts en commissariat, je n'ai pas vu quelques baffes voler. Mais à la Criminelle, c'était exceptionnel. Nous savions bien que ces aveux-là ne valaient rien, qu'une fois regonflé par son avocat, le suspect allait se rétracter. Les interrogatoires de la brigade sont un modèle du genre, je pense d'ailleurs que la Crim' porte ça dans ses gènes. Je sais, en tout cas, que je n'oublierai jamais certaines cérémonies des aveux.

Pour savoir qui je suis, il faut bien que je comprenne d'où je viens, c'est en cela que l'histoire est importante. La science de l'enquête criminelle, de la recherche de la vérité est si ancienne, si rodée, qu'elle imprègne tout naturellement le policier de la Crim'. J'ai entendu, dès mes débuts, parler de l'affaire Mestorino et de ces 17 heures d'interrogatoire. L'histoire a énormément frappé Georges Simenon, donnant naissance à cette formule « le policier est un raccommodeur de destin ». Cette phrase tirée du roman *La première enquête de Maigret* est souvent citée, il se trouve que ce livre est mon Maigret préféré, celui où je m'identifie le plus au commissaire bougon. Parce que l'action se passe à Pigalle, quartier de mes débuts, parce que, à la fin, Jules Maigret entre au 36, à la Crim' et que, dans la description de sa fierté, je retrouve la mienne.

Mais je m'égare, je vous fais prendre un petit chemin de traverse… Qu'importe, il nous ramène au 36 de toute façon. Plus précisément au bureau 315, celui du patron de la Crim', le 15 mars 1928, à 2 heures du matin. Dans un fauteuil, Charles Mestorino est livide, il baisse la tête, puis enfin parle :

— Oui c'est moi... Pitié !

Les six policiers qui se relaient pour l'interroger depuis 17 heures se regardent. L'affaire est bouclée, elle avait commencé le 29 février...

Ce jour-là, sur la route qui traverse la forêt d'Armainvilliers, des chauffeurs voient des flammes dans un fossé, ils se précipitent pour éteindre l'incendie. C'est une vieille couverture en feu, qui semble entourer un gros paquet. Le paquet s'avère être le corps d'un certain Gaston Truphème, courtier en bijoux, mort d'un coup violent porté à la tête. L'affaire du cadavre en flammes fait la une des journaux, le Parquet décide de mettre les grands moyens et confie l'affaire à la Crim' et à la première Brigade mobile. À l'époque, la guerre des polices avait marqué une pause et l'alliance de ces deux brigades d'élite semblait aller de soi. Après tout, le crime est en banlieue mais la victime est parisienne !

Le patron de la Crim' est Marcel Guillaume, dont nous avons déjà parlé. Son secrétaire est Georges Massu. La fonction de secrétaire a depuis été abolie, à l'époque on appelait ça « le chien du commissaire », de mon temps, on les nommait plus justement des commissaires adjoints. Entre le grand sec qui fume cigarette sur cigarette et le solide Massu, la pipe vissée au bec, la complicité est totale. Massu relaie auprès de Guillaume les impressions du brigadier Mougel et de l'inspecteur Février (qui deviendra Janvier sous la plume de Simenon). Les enquêteurs ont un client, un suspect en vue, un certain Charles Mestorino. Lors des obsèques de Truphème, ce joaillier à la fortune fluctuante se frappe la poitrine, pleure ostensiblement. Bref, il en fait des tonnes. Mestorino est dans le collimateur de la Crim'. Le jour du meurtre, Gaston Truphème lui a rendu visite pour encaisser une traite. On convoque donc plusieurs fois l'ami Charles au 36. Il en ressort souriant, persuadé que son audition a été ordinaire, l'a définitivement blanchi. Mais la Crim' va entendre sa femme, sa secrétaire, explorer ses finances, trouver d'étranges coïncidences entre des mouvements d'argent et la mort du courtier. Et puis, le 14 mars, c'est « le coup de la moquette ». Mestorino est convoqué de nouveau au 36, cette fois-ci, il est reçu par Marcel Guillaume dans le bureau 315. Massu est installé derrière sa machine à écrire. Durant un moment, les deux hommes sont seuls, dans un silence prémédité et épais.

— Vous savez pourquoi le commissaire m'a fait venir ?

— Il vous le dira lui-même.

Enfin, Marcel Guillaume entre dans le bureau.

— Cher Monsieur, excusez-moi pour mon

retard, une affaire urgente chez le patron. Mais je suis désolé qu'on vous ait dérangé, c'est une broutille, un peu de procédure. En fait, je voulais vous poser une question : à quelle heure exactement avez-vous reçu la victime, Gaston Truphème ? Le brigadier Mougel a oublié de le noter.

— À 11 heures.

— C'est idiot hein... La procédure. Notez Massu, notez...

Guillaume regarde fixement Mestorino, il semble fouiller son âme, sourit. Le commissaire prend un cigare, il tranche le bout avec la réplique miniature de la guillotine posée sur son bureau. Les bouffées de cigare emplissent la pièce. Guillaume a un bon sourire sous sa moustache, lorsque Massu lève la tête de sa machine et demande :

— Mais alors, nous avons un problème. Comment avez-vous pu lui régler votre dette ? Nous savons que vous avez de grosses difficultés d'argent...

— J'ai vendu des pierres quelques jours avant.

— Oui, mais à perte, celles d'ailleurs que Monsieur Truphème vous avait confiées. Comment avez-vous complété la somme ?

— On m'a prêté de l'argent.

Guillaume est à la fenêtre, il semble se désintéresser de la discussion, il admire la Seine. Il se retourne.

— Qui ?

— Ma mère et deux collègues.

— Quand ?

— Le 26 février, trois jours avant.

— On va vérifier. En attendant, vous restez avec nous. Vous comprenez, c'est la procédure et puis on ne va pas vous faire rentrer chez vous pour vous faire revenir. Vous déjeunez avec nous ?

— Heu, c'est-à-dire...

— Vous verrez, la cantine est bonne, un petit bistrot où on a nos habitudes.

Guillaume et Massu échangent un regard. Ils savent déjà que Mestorino ment, les deux joailliers lui ont prêté de l'argent, mais pas le 26 février. En attendant, le suspect et les policiers vont déjeuner « aux Trois Marches », la brasserie située derrière le 36. Mestorino va avoir une digestion difficile, il va être confronté à ses deux confrères. Il a beau dire qu'ils se trompent, eux sont formels. Massu tape sur sa machine, imperturbable, tandis que les policiers se succèdent pour interroger ce cher Charles.

— Mais alors, vous n'aviez pas de quoi payer cette traite ?

— Mais si, je me suis débrouillé.

— Comment ?

Mestorino se coupe, s'enferre, résiste. Il dit avoir réglé une partie de la somme pour faire patienter le courtier Truphème. Mais il fait un pas sur le chemin des aveux en disant :

— Oui, sur l'argent, je vous ai menti.

La soirée est là, depuis déjà plusieurs heures le 36 a allumé ses lumières et la façade a une allure de paquebot lancé dans la nuit. Dans le bureau enfumé, tout le monde s'étire. Guillaume lance :

— On va dîner ?

Il n'est à l'époque pas question de garde à vue ou d'un encadrement légal des interrogatoires. Tant que les policiers estiment cela nécessaire, le « suspect » reste à leur disposition. Invité à se joindre à eux, Charles Mestorino préfère rester dans le bureau et se contenter d'un sandwich. Durant le repas, les hommes de la Crim' et de la Mobile échangent leurs impressions :

— Ça commence à être longuet cette histoire.

— Il va craquer.

— Oui mais quand ? Il est coriace cet oiseau-là !

Soudain, Marcel Guillaume a une idée. Il se tourne vers son adjoint.

— Massu, vous êtes le seul à ne pas l'avoir interrogé depuis ce matin, allez-y, tentez votre chance.

— Ok patron.

Massu se lève, repousse son assiette et se dirige vers le 36. Il va jouer les flics compréhensifs, humains, amener doucement Mestorino à se confier, ouvrir la brèche.

— Dites, Monsieur Mestorino, j'ai jeté un œil au Code pénal : vous ne risquez pas grand-chose...

— Pardon ?

— Oui, vous feriez mieux d'avouer que vous n'avez pas payé Truphème. C'est humain, on ne va pas vous charger pour ça.

Et Mestorino avoue. Oui, il a gardé l'argent, il a menti, en fait ils se sont disputés avec Truphème. Lorsque Marcel Guillaume pénètre dans son bureau, Massu tape à la machine la déposition :

— Patron, Monsieur Mestorino m'a tout dit. Allons, ce n'est pas bien grave, il n'a pas pu payer sa traite et a voulu garder le silence. Rien de bien méchant.

— D'accord, eh bien on va tout reprendre.

Mestorino soupire, on lui refait le coup de la remise à zéro, des questions cent fois posées, des policiers qui se succèdent et reprennent au début, rompent le fil pour le rendre fou. Il en a assez de répéter les mêmes choses, de passer à la moulinette, de dire, redire, re-redire... Revoyez vos classiques : *Garde à vue* (Claude Miller avec Ventura et Serrault) ou *Quai des Orfèvres* (déjà cité, de Clouzot, avec Jouvet et Blier). La méthode est brevetée Brigade criminelle.

Au milieu d'un échange, Marcel Guillaume fait les gros yeux, se penche et gronde :

— Bon, d'accord, nous savons tout ça... Mais, comment l'avez-vous tué ?

— Pardon ?

— Avouez ! Il vous a menacé ?

— Mais non...

— Vous lui deviez de l'argent, et il était là, avec sa tête d'huissier !

— Non, je n'ai rien...

— Allons, c'est normal, on vous comprend, un homme dans votre situation.

Soudain, le brigadier Mougel se tourne vers Massu et dicte « Moi Charles Mestorino né le tatatatatati, reconnaît avoir assassiné le dénommé Gaston Truphème, né le tatatatatati... »

Mestorino craque, il murmure :

— Oui c'est moi... Pitié !

L'homme est vert, physiquement atteint, il faut d'ailleurs l'emmener aux toilettes au plus vite. Sans hâte, la procédure est bouclée, ficelée. Mestorino couchera au dépôt, Guillaume, incorrigible, va courir les filles et Massu rentre chez lui, pipe au bec, retrouver sa légitime.

« J'ai plus souvent éprouvé de la pitié que de l'horreur pour les criminels, et la plupart du temps, il m'est arrivé de trouver au fond de leur cœur un coin qui n'était pas totalement gangréné (...). Cela suffisait à jeter dans mon bureau une pauvre loque humaine pantelante, secouée de sanglots, avide de se délivrer d'un secret trop lourd à porter*. »

Mon premier interrogatoire n'a pas été une page de gloire de la PJ dans une affaire hautement médiatique. Mais j'étais tout fier d'être celui qui a fait craquer le criminel. Fier, et en même temps empli de pitié, comme l'écrit Guillaume, pour le pauvre type qui venait d'avouer. Mon Mestorino à moi s'appelait Khaled Naït, il avait tué sa voisine, une petite vieille, en août 1975, la laissant pourrir dans la chambre de bonne qu'elle occupait. Entendu une première fois, il est relâché, mais nous sentons que notre gibier n'est pas le perdreau de l'année, il a un pedigree de cambriolages éloquent. Il est de nouveau amené au 3e étage, mais cette fois-ci, il a droit à la GAV (garde à vue). Toute la journée, les inspecteurs se relaient et tentent de le faire craquer. Je suis dans mon bureau de commissaire, à des horaires de commissaire – 22 heures – en train de faire mon travail de commissaire, lorsque l'un de mes gars passe la tête à la porte :

— Claude, on n'en tire rien de l'Algérien. On va bouffer, tu viens avec nous ? On le retravaillera après.

— Ok, je vais quand même lui dire un mot.

* Marcel Guillaume, *37 ans avec la pègre, Mémoires*, Éditions des Équateurs.

On me présente au suspect.

— Tiens, dis bonjour à notre patron, c'est le commissaire Cancès.

— Bonjour.

— Bonjour, Monsieur Naït.

Qu'est-ce qui fait que je le vouvoie et lui sers du « Monsieur » alors que les inspecteurs le tutoient depuis le début de l'enquête ? Je n'en sais rien, mais je sens que je l'impressionne, je décide de pousser mon avantage :

— Monsieur Naït, on va vous laisser vous reposer cette nuit, mais je suis convaincu que vous n'avez pas dit toute la vérité et que demain, vous nous expliquerez ce qui s'est passé.

— Oui, Monsieur le Commissaire, je vous promets de tout vous dire demain.

On se regarde avec les inspecteurs, on emmène tout de suite l'homme dans mon bureau. Je demande à rester seul avec lui, sans les « canettes » (menottes). Par précaution, deux hommes sont postés derrière la porte.

— Monsieur Naït, pourquoi attendre demain ? Finissons-en tout de suite.

— Je peux vous poser une question avant ?

— Oui.

— Si c'était moi qui l'avais tuée (sic), je risque quoi ?

— C'est un jury de Cour d'assises qui en décidera, mais je pense que vous avez des circonstances atténuantes, non ?

Ma réponse, honnête et franche, l'amène aux aveux. En quelques minutes, il se met à table, raconte comment il a été surpris dans la chambre en plein fric-frac et, paniqué, a étranglé sa voisine. Il signe son P.V., file au dépôt, et nous, on va casser la croûte. Finalement, nous lui avons fait, à défaut de moquette dans mon bureau, le « coup du commissaire ». Il n'en reste pas moins qu'avec cette technique inédite, j'ai obtenu mes premiers aveux à la Crim'. Le dîner n'en fut que meilleur.

La garde à vue a évolué, elle épouse les soubresauts de l'histoire, de la politique (aujourd'hui européenne) et de la société. Durant toutes les rencontres avec mes lecteurs, tous les débats, les conférences, la question de cette confrontation primordiale, de cette lutte entre les policiers et le suspect, a souvent surgi. Particulièrement lorsque la dernière réforme a imposé la présence de l'avocat dès la première heure de garde à vue. Au moment ou j'écris ces lignes, je lis dans *Libération* une interview du juge Gilbert Thiel, magistrat antiterroriste au caractère entier. Je ne peux que lui donner raison lorsqu'il affirme que « la loi de procédure doit être une loi d'équilibre ». Il cite l'affaire Guy Georges, estimant que « sans le huis-clos entre l'officier de police judiciaire et le tueur de l'Est parisien, jamais celui-ci n'aurait avoué les crimes de sang pour lesquels il n'était pas confondu par son ADN, soit 4 sur 7 ». Était-il vraiment nécessaire, parce que la Commission européenne fronce les sourcils, d'enlever à la Police judiciaire une partie de son efficacité ? J'ai travaillé avec Gilbert Thiel en 1995, je connais son intégrité, son mépris de la médiocrité et son amour de la Justice. Il a beaucoup bossé avec la Crim', il sait la force de l'aveu, mais aussi sa faiblesse : « S'il est vrai que les progrès de la science ont favorisé la police et la justice dans leur quête de vérité, cela ne dispensera jamais les enquêteurs et les magistrats instructeurs de s'attacher aux fondements de l'enquête. Un aveu n'est pas une fin en soi. Il doit être vérifié, recoupé, circonstancié pour avoir une valeur quelconque. » Je concède avoir un faible pour la formule qu'il emploie, et je vois la fumée de sa gitane et ses yeux qui se plissent de plaisir lorsqu'il ajoute : « Le commandant "Fadette" et le capitaine "ADN" ne suffisent pas pour obtenir des résultats. »

Après le « tout-aveux », on entre dans la période du « tout-expertise ». Je crois qu'on ne peut dissocier l'un de l'autre, qu'une enquête criminelle est un tout, un ensemble de techniques et d'hommes qui aboutissent à des résultats. Au XIXe siècle, à l'époque du scientisme et du positivisme, on a cru que la science avait réponse à tout et que, bientôt, les commissariats ne seraient peuplés que de blouses (blanches ou grises) penchées sur des microscopes à détecter le crime. Je ne dirais pas « rien ne remplace l'aveu », je dirais « la science et l'interrogatoire sont les deux mamelles de l'enquêteur ».

Parfois, l'aveu prend une forme différente, il n'en est pas un. L'enquêteur ne cherche pas à savoir « Qui ? Où ? Quand ? Pourquoi ? Comment ? » Non, il veut obtenir quelque chose de son interlocuteur, quelque chose de vital. Dans les affaires d'enlèvements ou de terrorisme, c'est un cas de figure. Je ne parlerai pas plus avant des terroristes. Pour en avoir interrogé plusieurs, je sais qu'on ne peut rien tirer d'eux, hormis des discours et des déclarations de guerre à la société. J'ai assez perdu de temps avec les membres d'Action directe, cela m'a suffit. Mais dans les affaires d'enlèvements, il y a des circonstances où obtenir des réponses est capital. Le cas du baron Empain en est l'exemple parfait.

Vous connaissez cette histoire : Édouard-Jean Empain, P-DG du groupe Schneider, est enlevé devant son domicile de l'avenue Foch le 23 janvier 1978. Les ravisseurs demandent 80 millions de francs et envoient une phalange de l'otage pour preuve de leur détermination, et cela dès le premier message.

On piste la rançon avec l'Antigang. Le processus est bien rodé, nous en parlerons dans un chapitre dédié aux enlèvements (voir chapitre VI). Une fusillade a lieu sur l'autoroute, un des ravisseurs est tué, l'autre est capturé. C'est un « flag », on pourrait imaginer que l'interrogatoire ne sert qu'à dissiper des zones d'ombre, établir la procédure et point final. Mais voilà, on a la rançon, on a l'un des kidnappeurs, mais on n'a pas l'otage ! Ottavioli, le commissaire, a foncé sur les lieux, il fait la grimace. Que dire à la famille ? Comment ne pas imaginer le pire ? Un scénario où le baron est exécuté et où la bande part en cavale ?

Je suis au 36. Dans les couloirs de la Crim' et de l'Antigang, ça s'agite, ça se croise. L'air est électrique, on est tous tendus comme des cordes à piano. La radio crache des informations en flux continu. On a deux blessés, un malfaiteur est au tapis et un autre blessé. C'est sur lui que nous allons devoir compter pour retrouver le baron Empain. Lorsque l'après-midi après cette nuit agitée, Alain Caillol est transféré de l'Hôtel-Dieu au 36, on l'attend avec impatience. Il a été sommairement interrogé à l'hôpital. Les inspecteurs nous dressent son portrait :

— C'est pas un con, il va vite comprendre son intérêt.

— Il est d'un bon niveau, on peut parler avec

lui, mais il va tout faire pour que les autres puissent se mettre à l'abri.

La stratégie est simple : il n'y en a pas. On veut simplement le convaincre d'appeler ses complices, obtenir la libération du baron. Pour cela, il va falloir lui donner quelques garanties. Caillol est immédiatement conduit dans le bureau du patron. Le commissaire Ottavioli semble encore plus raide que jamais, il a les yeux rougis et les traits tirés, comme nous tous. Caillol comprend que la Crim' ne lâchera pas, qu'elle ira au bout. D'ailleurs, Pierre Ottavioli ne le laisse pas respirer très longtemps.

— La situation est simple : votre intérêt, Monsieur Caillol, c'est qu'on récupère le baron sain et sauf. Vous comprenez bien que si ça se passe mal, vous en porterez la responsabilité !

Alain Caillol ne cille pas, il a manifestement déjà imaginé le scénario.

— Moi, je suis d'accord. Vous m'emmenez dans Paris avec une bagnole. À un moment, je vous désigne une cabine au hasard et j'appelle. Bien sûr, vous me surveillez, mais au moins je suis sûr que le téléphone n'est pas sur écoute ou tracé.

Je le regarde, le grand bureau 315 ne contient pas moins de dix policiers. Personne n'ouvre la bouche, seules les voix d'Ottavioli et de Caillol résonnent. Alain Caillol est calme, il subit cette rapide négociation sans trop hésiter. Il sait qu'il n'a pas le choix. Si ça tourne mal, il est le seul ravisseur aux mains de la justice. Dans un sourire, Ottavioli lui désigne sa ligne directe :

— Pourquoi ne pas utiliser cet appareil ?

Caillol prend deux minutes pour réfléchir. Peut-être pense-t-il à un piège. *A contrario*, on imagine mal que la ligne du patron de la Crim' soit sur écoute. Je crois qu'Otta a agi impulsivement, par réflexe ; il a un téléphone devant lui, alors pourquoi ne pas aller au plus rapide ? Dans les interrogatoires, il y a toujours un moment ou ça bascule, et là, au bout de quelques longues minutes, Caillol prend le combiné, se penche pour masquer le cadran et fait le numéro. Puis il coupe, soupire, refait le numéro, re-coupe... On est agacé par son manège, pourquoi s'y reprend-il à trois fois ? Enfin il parle :

— Ouais, c'est moi ! J'ai passé un accord correct avec les flics. Ils ne savent pas où j'appelle. Libérez le baron, ou vous irez de carnage en carnage. C'est la guerre.

Il raccroche, regarde Ottavioli et lance :

— Je pense que c'est bon à 99 %, ils vont le relâcher.

Il soupire, jette un coup d'œil circulaire :

— Quand j'ai vu la détermination de vos gars, j'ai su que nous ne toucherions pas un sou !

Le soir même, Édouard-Jean Empain est relâché devant une bouche de métro avec 10 francs en poche et un ticket de transport.

Hasard de l'existence, j'ai récemment rencontré Alain Caillol en marge d'une émission de radio où il présentait son livre – flics et voyous ont la plume facile. On a discuté, parlé du « bon temps », il m'a avoué (décidément) deux choses :

— Je m'y suis repris à trois fois pour faire le numéro, tu sais pourquoi ?

— Non.

— Parce que je l'avais oublié. Il m'a fallu trois tentatives. Et tu sais qu'elle était ma trouille ?

— Non.

— Que Bertoncini*, qui a un pois chiche dans la tête, se mette à déconner et abatte le baron, pour venger la mort de Duchateau durant votre intervention !

Dans ce genre d'affaire, on est toujours sur le fil, entre intimidation et négociation. La raison n'a pas toujours sa place, et tout peut basculer, à tout instant, sans que nous puissions plus rien maîtriser.

Il est des cas où les enquêteurs sont frustrés, privés de dessert, quand la confrontation avec le criminel est rendue impossible. Par exemple quand les preuves sont si évidentes, que le juge

* L'un des autres ravisseurs qui gardaient Empain.

d'instruction a déjà mis en examen le suspect. La PJ n'a alors plus le droit de l'interroger. C'est arrivé dans l'une des pires affaires de l'histoire, l'affaire Petiot ! Le docteur Satan a bien monté l'escalier du 36, il s'est bien retrouvé dans le bureau du commissaire Pinault, patron de la Crim'. Mais juste pour voir, visiter les lieux, en transit. Car quelques minutes après son arrivée, la porte du bureau 315 s'est ouverte et deux agents ont emmené le tueur dans le cabinet du juge d'instruction. Le magistrat va avoir l'honneur du Petiot Circus, mélange de délire, de vantardise, de mégalomanie. Et puis un jour, Petiot déclare :

— Tu m'emmerdes avec tes questions. Je ne te réponds plus. J'ai envie de m'amuser avec le tribunal.

Et l'homme qui revendiquera 63 assassinats (« Tous des traîtres ») tiendra parole.

Des interrogatoires, la Crim' en a connus de toutes sortes. Des faciles, des compliqués, des silencieux, des « sans queue ni tête », des fous, des SVF (sans vérité fixe)... Mais j'en ai connu un hors catégorie, inédit : celui de Claude D...

Le 13 décembre 1975, je fête mes trois mois à la Crim' en dérouillant sur une affaire classique. Hélas ! Le meurtre d'une femme de 77 ans, dont le corps est découvert dans son appartement du boulevard Saint-Germain. J'assiste à l'autopsie, le légiste est un bon copain, il fait son travail avec humanité et la dose nécessaire d'humour. Ses conclusions me surprennent : la victime a été étranglée mais surtout a eu des rapports sexuels peu de temps avant sa mort. Nous savons que dans 80 % des affaires la victime connaissait son assassin. Les premières investigations dans le voisinage et le cercle familial sont donc primordiales. Le neveu de la vieille dame est convoqué, comme tout le monde. Lorsqu'il quitte le bureau, nous nous regardons. Nous avons tous le même doute. Oh, ne nous prenez pas pour des Sherlock Holmes au flair infaillible, nous n'obéissons pas à une intuition, c'est son attitude, ses réponses évasives et son regard fuyant qui nous convainquent que cet homme cache quelque chose. Il y a aussi le fait qu'il allait voir sa tante tous les jeudis, jour où son corps a été découvert.

On le convoque de nouveau. Il est encore plus « péteux » que la première fois. Il répond le regard fixé sur la pointe de ses chaussures. Quand il relève la tête, c'est pour admirer la peinture écaillée des murs.

— Je vais vous demander quelque chose, lance-t-il, et après je vous dirai tout

— Ah bon ? Ne nous prenez pas pour des imbéciles.

— Non, non ! Je voudrais aller au cimetière

Montparnasse, me recueillir sur la tombe d'une amie, j'en ai besoin.

On se regarde, incrédules. Je décide de tenter le coup, il n'a pas le style à vouloir en profiter pour se faire la belle. C'est plutôt un pauvre type, dépassé par son crime ; car nous sommes persuadés qu'il est l'assassin.

Trois inspecteurs l'escortent alors jusqu'à Montparnasse. La scène est surréaliste. Trois flics de la Crim' entourent un suspect qui marmonne la tête basse devant une tombe. Par respect, on lui a même enlevé les bracelets. À son retour, il parle, ou plutôt il chuchote ses aveux, comme il nous l'avait promis.

— Oui, je l'ai tuée. J'avais une relation avec ma tante, tous les jeudis, on faisait l'amour.

— Pourquoi tu l'as tuée ?

— Elle m'a accusé de lui avoir volé de l'argent, j'ai nié.

— C'était vrai ?

— Non ! Je l'aimais... Elle avait 32 ans de plus que moi, mais je l'aimais !

— Continue.

— J'ai cru qu'on allait se réconcilier au lit, elle a résisté, ça m'a rendu fou et je l'ai étranglée.

Quelques minutes plus tard, il signe sa déposition dûment tapée sur le P.V., étrange affaire, c'est l'unique fois où je verrai un criminel agir ainsi, formuler une telle exigence. Nous n'avons jamais su quels liens l'unissaient à la mystérieuse défunte du cimetière du Montparnasse. On a d'ailleurs respecté son choix. Il avait tenu sa parole, cela nous suffisait. Le reste ne regardait que lui !

Les policiers de la Crim' sont souvent en première ligne, face aux familles des victimes et des meurtriers. J'ai déjà souligné cet aspect important de notre travail. Il n'y a pas de formules magiques pour dire à une épouse, un fils, un frère, que Monsieur X est un assassin. Alors vous imaginez dans ce cas, lorsqu'il a fallu expliquer que Claude D. avait non seulement tué la vieille tante, mais qu'il était aussi son amant ! Alors que la famille patiente dans le couloir de la Crim', on cherche les mots, on essaye de se mettre à leur place : dans quelques minutes, le ciel va leur tomber sur la tête.

Il y a des interrogatoires qui vous marquent, comme celui-ci. Il y en a d'autres qui font partie de l'histoire. Mon patron Pierre Ottavioli a vécu l'enquête sur l'attentat du Petit-Clamart. On en a souvent parlé ensemble. Cette affaire me fascinait. Le 22 août 1962, Ottavioli remonte de Corse en voiture et en famille. Il fait beau, la route est encore celle des vacances puisqu'il s'apprête à passer sa dernière semaine de congés en

Bretagne. La radio interrompt ses programmes : « Flash spécial. On a tiré sur la DS du général de Gaulle. Le chef de l'État est indemne. L'attentat a eu lieu sur la commune du Petit-Clamart. » Le commissaire Ottavioli s'arrête au premier café, demande un jeton de téléphone et appelle son patron à la Crim', Maurice Bouvier.

— C'est nous qui sommes chargés de l'enquête ?

— Oui.

— Vous avez besoin de moi ? Je remonte !

— Je vous attends.

Il remonte dans sa voiture, sa femme le regarde, elle a compris :

— On ne va plus en Bretagne, c'est ça ?

Scène classique pour une épouse de policier. En disant « oui » à la mairie, elles ne savent pas toujours qu'elles épousent le 36 !

Depuis quelques mois, l'Algérie n'est plus française, mais l'OAS a juré d'avoir la peau du général. Pour l'Organisation armée secrète, Charles de Gaulle, alias « La grande Zohra » ou « Colombey-les-deux-mosquées », est un traître. Composée de pieds noirs ultras, de militaires jusqu'au-boutistes, l'OAS a déjà tenté de faire sauter sa voiture à Pont-sur-Seine.

L'enquête est extraordinaire dans tous les sens du terme. Le numéro deux de la Crim', Roger

Poiblanc, part pour Colombey interroger le général de Gaulle comme un simple témoin. Est-ce l'émotion, la fatigue ou sa proverbiale maladresse au volant ? Toujours est-il que Roger a un accident en rentrant et suivra l'enquête depuis son lit d'hôpital. Cela vaut au commissaire Ottavioli une promotion express et provisoire au poste de numéro deux. Aux premières loges de l'enquête, il me racontera plus tard combien les gardes à vue l'ont impressionné :

— À cause de la guerre d'Algérie, le délai légal d'interrogatoire a été porté à 15 jours. Inutile de te dire que ça change les choses. Il se crée entre les suspects et les policiers un rapport étrange, il arrive un moment où on se connaît tellement qu'on ne peut plus tricher.

L'enquête va aller très vite, puisque moins d'un mois après l'attentat, presque tous les membres du commando et les conjurés ont été identifiés et arrêtés. C'est grâce à l'interpellation, dans la Drôme, de Pierre Magade, un déserteur, que la pelote va se dérouler. Magade plastronne devant les gendarmes.

— Le 22 août, j'étais au Petit-Clamart !

Il est aussitôt mis dans un fourgon, direction le 36. Petit à petit, la bande tombe. Le commissaire Ottavioli interroge un homme qui se prétend cultivateur. Il regarde son allure, ses mains : il n'a rien d'un paysan. Finalement, l'homme avoue :

— Vous avez raison, je suis Alain de la Tocnaye, chef opérationnel du commando, et je ne vous dirai rien de plus.

La Crim' n'obtiendra effectivement rien d'autre de sa part durant sa garde à vue. Pierre Ottavioli m'a plusieurs fois raconté l'ambiance au 36 pendant cette affaire, les conditions épouvantables des interrogatoires : un dépôt plein à craquer, des matelas à même le sol dans les couloirs, les bureaux qui ne désemplissent pas, le commissaire Bouvier qui fume pipe sur pipe. Et un matin à 6 heures, il lance :

— On est crevé, on ne fera rien de bon. Tout le monde va dormir, retour à 9 heures.

Certains inspecteurs n'ont pas la force de rentrer chez eux et dorment dans leur bureau. Je connaîtrai, comme tous mes collègues, cette ambiance de guerre, bien sûr à un moindre niveau, lors des affaires d'enlèvements ou de terrorisme.

Il manque un homme au tableau de chasse de la Crim' : « Didier », le cerveau de l'opération « Charlotte Corday », nom de code de l'attentat contre « Jacqueline » (de Gaulle). Un portrait-robot a été dressé. La Crim' est sur la piste d'un officier supérieur catholique et pro Algérie française. Les fiches des Renseignements généraux et de la Sécurité militaire sont épluchées et un nom jaillit : celui du Colonel Jean-Marie Bastien-Thiry. Il est filé, arrêté puis conduit dans le bureau du patron Maurice Bouvier. « Otta » est présent, autant dire que je tiens le récit de la bouche du cheval. Bastien-Thiry est convaincu que la police sait déjà tout. Il assume ses responsabilités de chef des conjurés et, de bonne foi, donne des détails que la Crim' ignorait.

Le reste appartient à l'histoire. Jean-Marie Bastien-Thiry sera condamné à mort, le général de Gaulle refusa sa grâce. L'auteur de l'attentat du Petit-Clamart est fusillé le 11 mars 1963.

Je n'imagine pas, en 1975, lorsque j'écoute cette formidable histoire de Papa Oscar (Pierre Ottavioli en langage radio), que je vais croiser la trajectoire de l'un des autres conjurés du Petit-Clamart, Jacques Prévost.

C'est l'un des hommes qui m'a le plus marqué par son parcours et sa personnalité. Au procès du Petit-Clamart, devant le tribunal militaire, il se dresse. La Cour vient de condamner à mort Jean-Marie Bastien-Thiry, Alain de la Tocnaye et Gérard Buisines :

— Ne condamnez pas Buisines, il n'y est pour rien, je veux prendre sa place.

Le procureur accepte et Prévost est condamné à mort. Comme de la Tocnaye, il sera grâcié par le général de Gaulle. Quel destin que celui de cet homme, ancien para en Indochine, qui a sauté volontairement sur Dien Bien Phu lors du dernier largage alors que tout était perdu dans la cuvette encerclée par les Bodoïs du général Giap !

En 1975, le nom de Jacques Prévost surgit dans ma première affaire d'enlèvement, celui du P-DG de Phonogram, Louis Hazan. Les années kidnapping viennent de commencer. Et je suis aux premières loges.

Chapitre VI

La chute des rois du rapt

Le kidnapping, le rapt, n'est pas une spécificité française. Dans l'histoire de la Crim', c'est une forme de banditisme rare. Quelques-uns ont eu lieu sur le modèle américain dans les années 30, puis plus rien. En 1960, triste première : un enfant est enlevé. Éric Peugeot, 4 ans, héritier de la dynastie automobile, sera relâché après le versement de la rançon. Le commissaire Clot, de la Brigade, reçoit l'ordre formel de capturer les ravisseurs une fois que l'enfant est sain et sauf. Les deux kidnappeurs seront arrêtés un an après. En mai 1964, un autre enfant est enlevé, mais l'issue sera tragique : Luc Taron, 11 ans, est retrouvé étranglé au pied d'un arbre de la forêt de Verrières. Le ravisseur envoie des lettres aux journaux, à la Brigade criminelle, aux radios. Il signe « L'Étrangleur ». Un suspect est arrêté, Lucien Léger, infirmier, 27 ans. Là encore, c'est l'interrogatoire qui va le perdre. Les policiers titillent sa vanité, lui disent :

— Allons, ce n'est pas grave, tu es juste le fou qui nous écrit.

— On va te faire soigner, tu vas voir, tu n'es pas bien méchant.

— Vous ne comprenez rien ! Vous êtes nuls ! Je suis L'Étrangleur !

— On ne te croit pas, raconte !

Et Léger parle, donne des détails.

Cette affaire, je m'en souviens. J'étais alors à la Mondaine, avec une petite année de boîte. On était, tous services confondus, choqués et anéantis. Je revois Roger Poiblanc, numéro 2 de la Crim', dans la cour du 36, répondant à une meute de journalistes. « Roger la Gamberge », flic pétri d'humanité, souvent dans ses pensées (ce qui explique les quelques voitures de services accidentées), était le mieux placé pour répondre à la presse, sans colère apparente.

Dans mes années Crim', le rapt va tenir un grand rôle. Heureusement, il ne s'agira jamais d'enfant. En 1975, je ne suis pas encore papa (cela m'arrivera en 1978) et je ne peux imaginer ma réaction si j'avais dû traiter une affaire comme celle de « L'Étrangleur ».

La mode est au kidnapping, un style venu d'Italie, avec d'importantes nuances. Les « années de plomb » italiennes n'ont rien de commun avec nous. Le pays est déchiré par le terrorisme, les Brigades rouges braquent, posent des bombes et assassinent. Le « rapt à l'italienne » est une technique mortelle : rançon ou non, neuf fois sur dix, l'otage est tué ! Et quand ce n'est pas l'extrême gauche ou l'extrême droite, c'est la mafia qui kidnappe. En France, les voyous vont céder à la mode de l'enlèvement. Il n'est pas question d'idéologie, mais de ramasser une belle rançon le plus rapidement possible et avec un minimum de risques. La manière dont la police a traité les rares affaires de kidnapping promet de beaux jours aux amateurs du genre. Lorsque le fils Peugeot a été enlevé, ordre formel a été donné au patron de la Crim' millésime 1960 de ne « pas faire le con ». La rançon est payée, la police attend la libération de l'otage pour traquer les ravisseurs.

Mais nous ne sommes plus en 1960 et, pour Pierre Ottavioli, une telle méthode revient à donner un brevet d'encouragement aux équipes de ravisseurs.

— Il n'est pas question que la police française soit l'otage des kidnappeurs. La seule manière d'agir, c'est de ne pas leur laisser un mètre d'espace.

Le patron de la Crim' dispose pour cela d'un outil formidable, la BRI, la Brigade antigang.

L'alliance des enquêteurs de la Criminelle et des hommes d'action de l'Antigang a déjà fait ses preuves en mai 1974, lorsque le directeur de la banque de Bilbao, Balthazar Suarez, a été enlevé. Les auteurs du rapt ont été arrêtés et l'otage libéré après 20 jours de séquestration. Pierre Ottavioli en est certain : pour que les voyous gagnent la partie face à « sa » Crim' et l'Antigang, « il faudrait des commandos de guerre ».

L'affaire du banquier Suarez semble avoir refroidi le milieu. Les cas de prise d'otages sont plus du fait de braqueurs, le banditisme a l'air de s'écarter de la voie italienne. Cette analyse vole en éclat le 31 décembre 1975.

11 h 30, je suis de permanence et, comme tout le monde, je croise les doigts pour qu'il ne se passe rien avant 19 heures. J'ai hâte de rejoindre mon appartement, je me vois déjà riant, un verre de champagne à la main, entouré de ma famille et de mes amis. J'ai trois mois de Criminelle, plutôt intenses, derrière moi et ce réveillon est une coupure bienvenue. Michel Auguste, également commissaire, entre en coup de vent :

— Claude, c'est toi qui est de perm' ?

— Oui.

— Je crois que ton réveillon est à l'eau : on vient d'enlever le P-DG de Phonogram !

— Et merde !

Logique, je râle contre ce destin qui veut que les bandits ne respectent même pas la soirée cotillons des policiers. Vingt secondes après, je suis plutôt excité par cette nouvelle : c'est mon baptême, ma première affaire d'enlèvement. Je regarde André Bizeul – « Dédé » m'a précédé à la Crim' et a travaillé sur l'affaire du banquier Suarez – qui me briefe rapidement. Il n'est pas de permanence, mais je suis sûr qu'il aurait presque aimé l'être. Enfin, il va passer un vrai réveillon, lui ! « Dédé » me lance, tandis que je file vers le bureau d'Ottavioli :

— Si tu as besoin de moi, n'hésite pas !

Je le sais bien, pardi, qu'un flic de la Crim' ne dételle jamais et je bénéficierai tout au long de cette affaire de ses conseils. La machine du 36 s'ébranle dans une affaire d'enlèvement ; tout le monde est sur le pont, du flic en tenue jusqu'au patron. En quelques minutes, l'Antigang est mis en alerte, les PTT sont prêts à brancher, le groupe de la Crim' piaffe en m'attendant. Dans le bureau 315, Pierre Ottavioli nous résume l'affaire :

— La victime s'appelle Louis Hazan, 53 ans, P-DG de la maison de disques Phonogram. Il a été kidnappé à 11 h 15 en pleine réunion du comité de direction, par un commando de six individus armés. Après l'avoir bâillonné, ils ont mis Hazan dans une malle en osier, sont sortis de l'immeuble avec le directeur financier comme otage. Ils sont partis dans une Estafette bleue, et une Audi rouge, ont relâché l'homme 300 mètres plus loin.

On sort du bureau, on attrape les manteaux, la radio et on dévale l'escalier. Je sais que, derrière nous, la Crim' est lancée, que ceux qui ne nous accompagnent pas sur le terrain ne perdent pas leur temps. S'il y a un dossier Hazan, il doit déjà être remonté des archives. Les voitures foncent en direction du siège de Phonogram, 6 rue Jenner, dans le XIIIe. J'ai souri lorsque j'ai lu l'adresse, j'habite rue Nationale, à 300 mètres ! Finalement, je ne vais pas passer le réveillon si loin de chez moi... L'immeuble n'a rien des grandes tours qui abritent les multinationales de la Défense, c'est un petit bâtiment de trois étages. Mais dans les couloirs, on ne peut s'empêcher de regarder les disques d'or de Nana Mouskouri, Brassens, Hallyday, Macias... Que du beau monde, il y a de la vedette au mur ! Les quatre personnes présentes lors de l'enlèvement de Louis Hazan sont choquées, la rapidité de l'action les a sonnés. Six hommes masqués, des ordres brefs, moins de cinq minutes : c'est du beau travail. La Crim' déroule : constatations, audition des témoins, enquête de voisinage. Je ne me fais pas d'illusion, la piste de la Renault Estafette va être courte, sans doute un véhicule volé et maquillé. L'otage, le directeur financier du groupe, emmené pour couvrir leur fuite, se montre vague et imprécis. Les témoins parlent d'un chef qui semble avoir une quarantaine d'années, d'assaillants vêtus de blouses bleues. Le commando a fait dans la sobriété, se contentant de dire :

— Hazan ! Ça continue, il faudra payer le solde.

L'explication de cette phrase va nous être donnée par le service de la PJ chargé des escroqueries : il y a quelques mois, un faux virement portant la signature imitée d'Hazan pour 3 millions 600 000 francs a été émis. Apparemment, les escrocs et les ravisseurs forment un tout ! Ajoutons à ça un attentat à la bombe au mois d'octobre précédent, et l'on comprendra qu'il règne une certaine tension chez Phonogram !

Il faut se mettre à la place des témoins : l'enlèvement a eu lieu trente minutes plus tôt, on les a forcés à s'allonger par terre, ligotés, bâillonnés. Leur P-DG a été mis dans une malle en osier. Le tout n'a pas duré cinq minutes, donc les témoignages sont très succincts. Je ne voudrais pas parodier Columbo, mais il y a un détail qui nous chiffonne : les malfaiteurs sont sortis par une porte discrète, inconnue de la plupart des employés.

Question : « comment connaissaient-ils cette issue ? »

Réponse : « ils ont un complice parmi le personnel. »

Nous faisons feu de tout bois : les voitures des ravisseurs sont signalées, les lignes téléphoniques de Phonogram et du domicile de Louis Hazan sont sur écoute. Le premier appel des kidnappeurs ne tarde pas : claude Hautefeuille, secrétaire général de Phonogram est « courtoisement » prié de se rendre au restaurant Le Couscous :

— On vous contactera à 19 h 15, dit la voix au bout du fil.

Nous décidons de laisser Hautefeuille aller seul au rendez-vous : Le Couscous n'est qu'à 50 mètres, mais surtout nous ne voulons pas être repérés. À 19 h 45, lassé d'attendre, Claude Hautefeuille revient.

Le soir s'avance, il ne se passe plus rien, le travail est fait, on se regarde. Je fais un saut chez moi pour fêter le nouvel an. Une planque légère, une « borgnotte », a été mise en place au pied de l'immeuble de Phonogram, deux policiers volontaires font le guet dans une voiture banalisée, un « sous-marin ». À un moment de la soirée, ces deux inspecteurs viennent boire le champagne chez moi en voisins, à tour de rôle : le réveillon n'est pas totalement foutu.

Le lendemain, il n'est plus question de champagne. Je dois jouer un rôle de composition. Madame

Hazan est une femme toute mince, fragile, très atteinte par l'enlèvement de son mari. Elle refuse totalement l'intervention de la Crim' et ne collabore pas. Il faut donc faire sans elle, ou plutôt malgré elle. Si sa ligne téléphonique est sur écoute, on ne peut mettre un policier près du combiné. Je me rends donc chez elle avec le directeur général du groupe. Jacques Caillart me présente comme l'un des cadres de Phonogram, chargé des relations publiques. Je branche un magnétophone sur la ligne et l'attente commence. À 15 h 20, court appel des ravisseurs : ils veulent pour le lendemain 15 millions de francs en billets usagés de 500. Un rendez-vous sera fixé.

On tient un rapide conseil de guerre au domicile du grand patron de Philips (Phonogram est une filiale du géant néerlandais), Monsieur Meyerstein-Maigret. On a suivi les consignes pour donner la rançon dans un hôtel vers la Madeleine, mais bernique ! Coup classique : le premier rendez-vous est souvent bidon, destiné à mettre la pression. Un autre coup de fil a suivi : comme par hasard les ravisseurs affirment avoir repéré la police. L'état-major de Phonogram nous fait face et écoute attentivement nos consignes. Ottavioli n'a pas envie que la famille ou les collaborateurs de Louis Hazan agissent dans notre dos. Une question me brûle tellement les lèvres que je la pose :

— On a un petit problème : à aucun moment les ravisseurs ne nous ont prouvé qu'ils détenaient bien Monsieur Hazan ?

« Otta » acquiesce.

— Vous avez raison Cancès, au prochain appel on leur demande une preuve.

Or, dès le lendemain, sans qu'il n'y ait eu le moindre échange téléphonique, un appel des kidnappeurs précise à Madame Hazan qu'une preuve de la détention de son mari va lui être remise immédiatement. Une équipe se précipite à la cabine téléphonique indiquée, Porte d'Auteuil et y trouve deux enveloppes avec deux lettres de la main de Hazan.

Le doute n'est plus permis : non seulement il y a un complice, mais il était présent avec nous lors de la réunion chez le grand patron du groupe. On branche (écoute téléphonique) tout ce beau monde et on accentue la pression.

On va se faire encore balader plusieurs fois, de rendez-vous annulés en vaines attentes. C'est la règle du jeu d'une partie que les voyous croient diriger. Enfin, le 6 janvier 1976, c'est le jour J. Je ne sens rien du tout, n'imagine pas grand-chose : au pire, on a droit à un tour de manège gratuit, au mieux, ça va enfin bouger ! Les bandits demandent que deux hauts dirigeants du groupe se chargent de la rançon. Il est hors de question que des civils soient aux premières loges, et je prends le volant de l'abominable Ford Granada de Louis Hazan avec l'inspecteur Bernard Pire de l'Antigang. Tout au long de la route – on a rendez-vous à la Bastille – je râle contre une boîte automatique que je ne maîtrise absolument pas !

Un certain « Francis » nous a donné pour consigne de nous trouver à la Tour d'Argent, plein d'essence fait :

— Surtout que les deux chauffeurs prévus ne soient pas remplacés ! L'opération aura lieu en province.

Ça confirme notre opinion sur la « taupe » qui opère depuis le début. Nous intervertissons les sacs de pognon en douce par des annuaires de téléphone.

Je suis au volant, Bernard attend au bar de la Tour d'Argent. Enfin, « Francis » appelle :

— Tournez autour du Génie de la Bastille, à un moment vous déposerez la rançon sur le côté. L'un d'entre vous reste et nous aidera à charger les sacs.

Je fais docilement trois tours de piste. Dans le rétro, je vois les voitures de l'Antigang. Le dispositif est rodé, prêt à toute éventualité. Je freine, dépose Bernard et la rançon sur le trottoir au pied du Génie. Je dégage et me garc plus loin, je sors. Une 4 L surgit, deux types cagoulés se jettent sur les sacs et les balancent dans la Renault. Je vois Bernard Pire faire un plongeon digne des Jeux olympiques et j'entends un grand bruit : l'une des bagnoles de l'Antigang vient de détruire la 4 L, les policiers ont sauté sur les malfrats qui se retrouvent menottés et embarqués en quelques secondes.

Quant à moi, je finis de détruire cette cochonnerie de boîte automatique en rentrant au 36 !

Un qui n'est pas reluisant, c'est l'un des deux ravisseurs. Il va d'ailleurs atterrir quasi directement au pied de Notre-Dame, à l'Hôtel-Dieu. L'arrestation a été mouvementée et, dans la voiture de l'Antigang, il a pris une danse carabinée ! On a deux hommes, deux frères d'ailleurs, mais il faut maintenant leur faire dire où est détenu Louis Hazan. Et là, il n'est pas question de prendre son temps ni des pincettes. La vie d'un homme est en jeu ! Pas dupe et pince-sans-rire, le procureur qui vit cette affaire avec nous, dans les bureaux de la Crim', dit à Ottavioli :

— Je constate que les malfaiteurs ont opposé une ferme résistance lors de l'arrestation !

À l'époque, nous avions des relations plus étroites avec les magistrats.

Les deux frères sont notre seule piste, notre seul lien avec l'otage. Il faut qu'ils s'allongent.

D'autant plus que Madame Hazan a fait une

sortie remarquée dans le bureau d'Ottavioli. Elle a appris par la radio l'arrestation des bandits au moment de la remise de rançon. Elle était persuadée que nous allions payer sans intervenir. Elle est accompagnée du ban et de l'arrière-ban de Phonogram. Nous fuyons lâchement le bureau, laissant Ottavioli prendre la marée :

— Vous êtes un assassin Monsieur Ottavioli.

— Madame, laissez-nous faire notre travail.

— Mon mari est mort à cause de vos méthodes.

— Mais non, on va vous le ramener sain et sauf !

Lâches, mais curieux, nous écoutons derrière la porte la branlée que prend notre chef. Madame Hazan sort en larmes. Elle ne peut imaginer que, 24 heures plus tard, elle boira le champagne avec son mari dans ce même bureau, et nous ne serons pas derrière la porte ce coup-ci ! Pierre Ottavioli joue gros sur ces affaires d'enlèvements. Sa doctrine est simple, claire : ne pas céder, frapper les ravisseurs au moment de la remise de rançon :

— Ils sont tellement obnubilés par l'argent, qu'ils iraient le chercher jusque dans la gueule du loup.

En attendant, il faut tirer le fil qui est dans nos bureaux, c'est-à-dire « Didier » : Jean-Pierre Birot s'assied derrière sa lourde bécane, prêt à recueillir les aveux du ravisseur. L'autre kidnappeur a la mâchoire « abîmée » et poursuit sa convalescence à l'hôpital. Les heures s'écoulent, une longue nuit d'hiver et de questions, Didier P... ne dit rien, ou pas grand-chose. Il se paye même le luxe de s'endormir en plein interrogatoire. Birot s'agace :

— Je ne te lâcherai pas la grappe !

Le malfrat hausse les épaules. La nuit s'achève, le bureau pue la cigarette, Birot change sa liasse de papier et carbone : 2 dures et 4 pelures à chaque P.V. ! Le soleil traverse les nuages et frappe la lucarne du bureau sous les toits. Des inspecteurs passent dans les couloirs, on bâille, l'envie de café se fait pressante. L'inspecteur Michel Kerbois montre son frais visage dans le bureau, il tape sur l'épaule de Didier :

— Bon alors, on va y venir ?

— Bon, ok, je vais tout vous expliquer !

En dix secondes, Kerbois obtient ce que Birot attend depuis des heures ! 37 ans après, Jean-Pierre Birot m'en parle encore. Ce jour-là, il était à la fois soulagé que son « client » finisse par parler et un tantinet agacé par la décontraction et la réussite de Kerbois-le-veinard.

Didier donne un seul nom : celui de l'homme qui a dirigé le commando et l'a recruté. Il jure qu'il ne sait pas où est détenu le P-DG de Phonogram. On arrête Franco Moschini, un Italien. Son interrogatoire, mené par Michel

Auguste, ne donne rien. Ottavioli en a marre, il entre dans le bureau, ôte le P.V. de la machine à écrire et se plante devant le bandit :

— On ne va pas y passer la journée ! Parle !

C'est l'une des rares fois où je verrai le patron s'emporter. Il a presque crié. Moschini comprend que ce n'est plus le moment de « chiquer » (se taire) :

Il relève son jean, écrits au stylo-bille sur le tissu intérieur de la jambe droite, il y a 6 chiffres : 32 58 36, un numéro de téléphone :

— Et sans indicatif, on fait comment ?

— Je vous jure qu'il est à moins de cent bornes de Paris.

On identifie le numéro, celui d'une villa à Tremblay-les-Villages. On file le tuyau aux collègues de la PJ de Versailles. Au début, ils n'y croient pas :

— Si les seigneurs du 36 nous ont donné l'info, c'est qu'il n'y a rien, peut-on entendre du côté de Versailles.

Ils sont consciencieux et se déplacent. La villa semble abandonnée mais, dans une cachette aménagée dans un placard, ils découvrent Louis Hazan, vivant, enchaîné et cagoulé. L'un des flics présents est Georges Moréas, futur patron de l'OCRB (Office central de répression du banditsme), un vieux complice. Je crois qu'il a été assez vexé quand nous avons oublié d'inviter son groupe au pot de remerciements offert au 36 par le P-DG libéré. Je jure, une fois de plus, que ce n'était pas du mépris de la part des « petits marquis », mais seulement un oubli.

Le reste de la bande va dégringoler assez vite. Interrogé à chaud, Louis Hazan n'a rien pu nous fournir d'intéressant. C'est en remontant les pistes avec les déclarations de nos prisonniers que tout ce mauvais monde est arrêté. Le cerveau de l'affaire, si tenté qu'on puisse le nommer ainsi, est démasqué : Ugo Brunini, un Italien, directeur de la société de nettoyage qui s'occupe des locaux de Phonogram. On identifie aussi la fameuse taupe, c'est le directeur financier du groupe. Mis en garde à vue, il a craqué :

— Ugo Brunini m'a menacé, il a dit que la mafia italienne était derrière lui !

Nous savons que c'est faux, mais j'ai l'impression d'être face à un pauvre type, un homme qui s'est fait entraîner dans une affaire trop grosse pour lui.

Un nom venu du passé surgit dans le dossier. Pierre Ottavioli en reste saisi : Jacques Prévost, le condamné à mort du Petit-Clamart, l'ancien légionnaire, celui dont la mitraillette s'est enrayée lors de l'attentat contre de Gaulle.

Les investigations de la Crim' sont limpides :

Jacques Prévost a servi de geôlier à Louis Hazan, et même de cuisinier. L'otage retient d'ailleurs un seul point positif de sa séquestration : la cuisine était de haute tenue ! En attendant, le cuistot est en fuite. Il me faudra attendre mai 1977, un an et demi après la libération du P-DG, pour mettre la main sur Prévost. Ce criminel-là, exceptionnel à plus d'un titre, va m'emmener au bout du monde. Très exactement à Jakarta (Indonésie).

On déboule à trois, ce sont les Américains qui ont débusqué l'homme. Les inspecteurs Kerbois (chef de groupe) et Birot (procédurier) qui m'accompagnent sont anéantis par la chaleur et pas franchement bouleversés par l'accueil. Je n'imaginais pas une haie d'honneur et le ministre local, mais de là à ne voir personne… On se dit que la République française ne fait pas grande impression en Indonésie. En fait, le télégramme d'Interpol n'est pas encore arrivé, enfin, c'est ce qu'on nous dira.

Ça commence mal. On trouve refuge à l'ambassade. L'attaché militaire me donne la chair de poule :

— Un rendez-vous avec le chef de la police ? Oulala, ici ce n'est pas la France, c'est compliqué. Armez-vous de patience.

— Ça peut prendre longtemps ?, je demande.

— Des jours, des semaines… Ça dépend !

Je suis vert ! Pour arracher cette mission au directeur du 36, j'ai promis qu'on ramènerait Prévost fissa. C'est le dernier membre du gang en cavale. Je me sens pris au piège par la bureaucratie indonésienne. Le directeur a été clair :

— Cancès, si on déplace trois flics de la Crim' au bout du monde pour des prunes, vous allez en entendre parler.

Je fais des bonds à chaque sonnerie de téléphone. On est coincés dans nos chambres, à attendre le bon vouloir du chef de la police. Les jours passent, le silence est pesant. On passe le temps à boire du whisky en écoutant le pianiste du bar de l'hôtel. Enfin, au bout de cette affreuse semaine, sa majesté le directeur général de la police indonésienne daigne nous recevoir. Le bureau est immense, quatre personnes nous font face. En quelques minutes, il comprend la situation et affirme :

— On va mettre très vite la main sur votre homme ! En attendant, ça vous dit un petit tour en hélicoptère ?

On est un peu surpris, mais ça ne se refuse pas. Et puis, ça atténue l'appréhension qui est mienne : s'ils vont aussi vite pour arrêter les truands que pour donner des rendez-vous, on est encore ici à Noël !

Mauvaise langue de Cancès ! Le lendemain, on nous appelle :

— Ça y est, on l'a, on vous le ramène.

On est sauvés ! Enfin presque : le vol unique et hebdomadaire d'UTA qui doit nous rapatrier à Paris est complet. Heureusement, je connais personnellement le directeur de la compagnie. Je présente rétrospectivement mes excuses aux quatre passagers qui ont dû nous céder la place, la police était prioritaire et je n'avais aucune envie de passer une semaine de plus à Djakarta.

Dans l'avion, on est plus détendu. Prévost est entre Birot et Kerbois, il ne me donne pas l'impression d'être un voyou, il a l'air de ce qu'il est : un soldat qui va au bout de ses convictions.

— Pourquoi s'embarquer dans cette affaire de kidnapping ?

— Pour l'argent ! Mais jamais je n'ai maltraité Hazan.

Il sourit, puis ajoute :

— Vous savez, si j'avais voulu, je pouvais me faire encore la malle. Il me suffisait d'arroser les flics indonésiens et *ciao* ! Mais j'en avais marre, je veux retourner chez moi, je paierai pour mes conneries et *basta* !

Je lui jette un regard un peu noir : s'il nous avait fait ce coup-là, j'aurais dû revenir une main devant une main derrière et expliquer le fiasco à mon directeur !

Ces affaires d'enlèvements sont uniques dans

l'histoire de la Crim'. Elles sont souvent longues, difficiles, pleines de stress, d'angoisses. On vit avec un chrono au-dessus de la tête. La rigueur est encore plus de mise. C'est sans doute durant ces journées intenses que j'ai le plus appréhendé le travail de Jean-Pierre Birot.

Jean-Pierre est procédurier : ce n'est pas un qualificatif, c'est une fonction essentielle à la Brigade criminelle. C'est le scénariste de toute enquête, le garant des actes de procédure. Il est dans son coin, l'œil aux aguets, il arrive l'un des premiers sur la scène de crime, repart le dernier, assiste aux autopsies. Assis derrière sa machine, il tape inlassablement sur ses liasses de papier. Il entend tout, voit tout, écrit tout. Pourquoi un tel souci du détail ? Ottavioli l'affirmait :

— Quand vous serez aux Assises, il ne vous restera de l'enquête que la procédure.

Il me revient de Birot cette scène où, en relisant les P.V. de l'affaire Hazan, je suis frappé par l'exactitude des faits.

— Jean-Pierre, comment pouvez-vous décrire aussi bien les faits alors que vous n'étiez pas sur le terrain ?

Il n'a pas répondu, juste un petit sourire. C'est ça un procédurier, un soldat de la Crim', une cheville ouvrière qui traverse le temps. Au même titre que les autres, il a couru après Stavisky, cherché pourquoi Violette Nozière a empoisonné ses parents, voulu avoir la tête d'Émile Buisson, attendu avec angoisse la libération de Louis Hazan.

Toujours un crayon à la main, la radio en veille, il observe tout. Son groupe dégage : il a déjà noté qui, où, quand, pourquoi, comment... J'ai entendu un juge féliciter un procédurier en arrivant sur les lieux d'un crime lors d'une reconstitution :

— Monsieur, j'ai l'impression de venir sur les lieux pour la seconde fois, la première étant lorsque je vous ai lu.

Sainte Procédure ! Un petit texte introductif à chaque P.V. résume la suite pour les esprits fainéants, puis trois relectures (chef de groupe, commissaire et patron de la Crim') sont obligatoires avant d'atterrir sur le bureau du magistrat...

Après tout, qu'est-ce que la lutte contre le crime ? Une histoire longue et sans cesse renouvelée où le voyou tente d'innover, de trouver une méthode contre laquelle la police est impuissante. C'est exactement comme ça que le banditisme français s'est lancé dans l'industrie du rapt. Mais ils vont tomber sur un os : la Crim'.

La vague va durer de 1974 à 1978, au rythme d'une grosse affaire par an. À chaque fois, Ottavioli va appliquer sa stratégie : on ne paye pas, on ne cède pas, on « saute » les voyous au moment propice ! Le bilan du patron de la Crim' est éloquent : tous les otages ont été libérés et aucune rançon n'a disparu dans la nature. Pierre Ottavioli va y gagner un surnom « Monsieur Antirapt ». Après l'affaire Empain, les kidnappings sont à ranger au musée du crime de la PP (Préfecture de police), rue de la Montagne-Sainte-Geneviève.

Un mois après le dénouement de l'affaire Hazan, le 4 février 1976, le P-DG de Saab France, Guy Thodorof est enlevé en plein Paris, il sera détenu 34 jours. Pour la première et dernière fois, nous serons « doublés » par la famille qui verse une rançon de dix millions de francs (totalement récupérés par nos soins). Affaire réglée après l'arrestation des auteurs.

Puis ce fut, en avril 1977, le rapt de Lucchino Revelli-Beaumont, P-DG de Fiat-France. Une certaine inquiétude pour nous : l'homme est une des têtes pensantes de Fiat, un ami personnel de Giovanni Agnelli, le mythique grand patron italien. On craint une irruption des Brigades rouges, un enlèvement politique contre lequel la méthode Ottavioli serait plus délicate à utiliser. Il s'est avéré que la pseudo revendication de *Unidad Revolucionaria Socialista*, groupuscule imaginaire argentin, était bidon. Les voyous venaient bien de

Buenos-Aires mais n'en voulaient qu'au portefeuille du Signore Revelli-Beaumont. Ils seront tous arrêtés en France et en Espagne. Petit record, à ne surtout pas battre : 91 jours de détention.

Dans l'affaire Mallet, en août, la BRI (Brigade de recherche et d'intervention) suit en direct l'enlèvement du banquier. Les hommes de l'Antigang filaient depuis plusieurs mois des « beaux mecs » : ils les voient s'équiper puis kidnapper leur victime au bois de Boulogne. Nouveau record de l'enlèvement le plus court de l'Histoire : trois heures ! Mais surtout, superbe coup de filet car toute la fine fleur des équipes spécialisées dans le rapt tombe. Certains d'entre eux étaient recherchés depuis l'affaire Thodorof. Avec ça, on s'est dit à la Crim' qu'on en avait fini avec le kidnapping. Merci les collègues !

Raté ! Le 23 janvier 1978, Édouard-Jean Empain est arraché par une équipe devant chez lui. Tout le monde connaît cette histoire, la phalange de l'auriculaire du baron envoyée avec la demande de rançon (80 millions de francs), le jeu de cache-cache entre la police et les bandits, le rôle de l'avocat Maître Badinter, la fusillade lors de la remise de rançon… On a atteint des sommets dans cette affaire, mais ce sera la dernière du genre. Ottavioli a eu la peau du kidnapping à la française. Je le revois, tenant dans les doigts le flacon contenant le doigt du baron Empain. Il nous regarde :

— On ne cédera pas !

On n’a pas cédé !

Chapitre VII
Des histoires d'hommes

« Derrière la grande Histoire, il y a les Hommes. Et j'aime les Hommes. » Quand Joseph Kessel a écrit cette phrase, il a tout dit, ou presque. Car la vie de la Crim', de sa naissance jusqu'à aujourd'hui, n'est qu'un gigantesque carrefour de personnalités. On pourra toujours résumer ça en dates, en chiffres, en tableaux statistiques, on n'aura pas la chair, le cœur, les tripes de la PJ. J'aime rêver devant les photos jaunies d'autrefois, imaginer les attitudes, les pensées de mes prédécesseurs à la brigade. Et ceux d'en face ? Les voyous, les assassins, les empoisonneuses... Tout ce monde, pas toujours joli-joli, hommes ou femmes, toutes ces histoires, toute cette histoire qui ne me quitte jamais.

Vous vous souvenez sans doute de la première scène du film d'Olivier Marchal *36 Quai des Orfèvres* ? On y voit un « dégagement » monstrueux, une fête, une troisième mi-temps d'anthologie. Cette façon de lâcher la pression fait partie de la Crim', elle a sans doute traversé le temps. C'est pour cela que je ris intérieurement en voyant les photos sévères des policiers d'autrefois. Je suis certain que ces hommes à moustaches noires, cols durs et costumes sombres, devaient aussi faire résonner les voûtes du 36 de leurs rires et qu'ils ne buvaient pas toujours que de l'eau. En parlant de ça, vous avez vu ce qu'ingurgite le commissaire Maigret tout au long d'une affaire ? Il a une sacrée descente : bière, fine à l'eau, digestifs, vin blanc... Je me suis amusé un jour à répertorier les boissons avalées lors d'une de ses enquêtes : ça commence au petit blanc et ça finit par une eau de vie de prunelle.

Il pousse un peu, le père Simenon : vous imaginez bien qu'un flic de la Crim' qui suivrait ce régime gainsbourien ne ferait pas long feu. Mais, après une affaire réussie, ou pour un anniversaire, une naissance, une promotion... Depuis les années 1920, il y a aussi le traditionnel et annuel banquet de la Criminelle. Exceptionnellement ce jour-là, c'est la BRB qui assure la permanence de la Crim'. N'en déduisez pas pour autant que le navire est sans capitaine.

La date est incontournable, bien que fluctuante ! Actifs, retraités, jeunes, vieux : on se retrouve tous selon un programme immuable. Le matin, concours de pétanque, puis apéritif, déjeuner et grande finale bouliste. Je me souviens d'un de ces banquets qui a un peu duré. Après tout ça, on a continué la fiesta à une trentaine à Pigalle, puis à une dizaine au Raspoutine, le cabaret Russe, pour finir à trois au Pied de cochon à 6 heures du matin, aux Halles. Si un indiscret avait pu prendre une photo, il aurait pu saisir un document unique : assis sur le trottoir, les pieds dans le caniveau, le patron de la Crim', Pierre Ottavioli, le commissaire Patrick Riou – qui a, ce jour-là, pris une reculée inhabituelle et se lamentait « Mais qu'est-ce qu'elle va dire ma femme ? » – et moi-même – qui venais de jouer du saxo au pied levé.

Ce genre de bordée est indispensable, elle resserre les liens. Il faut bien comprendre qu'au sein de la Crim' de l'époque, le « Patron » jouit d'un respect et d'une aura très importante. C'est sur lui que repose toute la brigade, il assume ses méthodes et couvre ses collaborateurs. Ce qui n'empêche pas « la redescente d'engueulade » ! Or, voir le chef de la Crim' charger la mule lui rend son humanité, ajoute à la cohésion des équipes qui doivent impérativement travailler dans le même sens. La Crim' n'a jamais eu besoin de « séminaires » pour resserrer les rangs. Ses « dégagements » ont suffi à forger la cohésion du groupe. Les rugbymen me comprendront !

Le rugby n'est pas venu sous ma plume par hasard, j'y associe un gaillard, une figure de ces soirées d'amitié, de rire et de chansons (pas toujours chastes) : Jacques Capela. Son accent de l'Ariège (comme Fabien Pelous), ses fringues improbables, sa réserve dans le cadre du travail ont caractérisé le personnage de Jacques la malice, avec ce regard qui pétille, cette allure de Columbo qui s'enflamme après un ou deux verres, lorsqu'il « allumait la chaudière »; un excellent flic, ne lâchant jamais rien, avec sa barbe mal entretenue, ses costumes sortis du plus mauvais magasin de Paris... J'ai raconté sa mort en service dans mon premier livre. Il a été abattu lors d'une prise d'otage à l'ambassade d'Irak en juillet 1978. Je n'y reviendrai pas si ce n'est pour souligner une constante à la Crim' : Jacques était officiellement de repos ce jour-là, il est venu à la rencontre de son destin après avoir écouté Europe 1, parce qu'il a estimé que les copains pouvaient avoir besoin de lui ! Ce jour-là, Jacques, tu ne nous a pas fait rire, pour la première fois...

Nous sommes tous des anciens combattants, des membres de cette armée de la Crim' et chaque année nous rendons hommage à nos morts. Je ne sais pas depuis quand la « tournée des cimetières » existe, je sais juste que c'est une belle tradition.

Tous les 1er novembre, une délégation de la brigade va fleurir les tombes des policiers de la Crim' morts en service. La liste est courte, Dieu merci : neuf noms, allant d'Eugène Mugat (mort à 34 ans en 1909) à Jacques Capela (33 ans en 1978).

1909 ? Mais la Brigade criminelle n'est-elle pas née officiellement en 1912 ? Certes, vous avez raison, mais il y eut une Crim' avant la Crim', le surnom Brigade du chef lui vient de là d'ailleurs. Alors, il est normal d'associer à notre hommage annuel les membres de la Brigade de la Sûreté parisienne chargée des crimes et délits. Un nom se détache : Louis Jouin. On en a parlé au début de cet ouvrage, c'est le patron de la brigade juste avant qu'elle ne devienne Criminelle, il est tué par Jules Bonnot. Jouin est un colosse, un homme d'action plusieurs fois blessé en service. Il est rieur, malgré son maintien sévère, il ne cesse de se disputer avec son secrétaire, Marcel Guillaume. Il l'a même affublé d'un surnom : le « Têtu ».

Ce jour-là, 24 avril 1912, Jouin arrive au 36 le cœur joyeux. Il sifflote en montant l'escalier. À 6 heures, au petit matin, il a interpellé, grâce aux tuyaux d'un indicateur, un certain Monnier. C'est un membre obscur de la bande à Bonnot. Monnier n'a pas attendu les baffes pour parler et donne l'adresse d'un tailleur à Ivry, un sympathisant anarchiste qui cache souvent des « camarades ». Louis

Jouin frotte énergiquement ses pognes, ses « battoirs » comme il aime à dire. Il pressent que l'hallali est proche, que cette Bande à Bonnot va tomber : il a déjà arrêté Raymond la Science et quelques autres. Depuis le 29 mars, la Brigade spéciale n°1 a été créée, on la surnomme déjà la Crim' même si elle n'existe que par décret pour l'instant. Et c'est cet homme, Louis Jouin, enfant de la méritocratie républicaine, fils de la rue Mouffetard, de ces taudis de Paris, qui va la diriger.

Le 36 est en ébullition depuis que Bonnot sévit. Le directeur de la Sûreté (devenu aujourd'hui le directeur de la PJ) Xavier Guichard, a réussi à convaincre le préfet Lépine que la maison devait se moderniser. Non sans mal, car Louis Lépine, recordman des années passées dans le fauteuil préfectoral (18 ans), ne jure que par la voie publique. Les agents de police sont une armée et il en est le général. Mais le retentissement des exploits des « bandits en auto » emporte le morceau. On augmente les effectifs, les premières voitures pénètrent dans la cour du 36 et, révolution, on arme les policiers en civil ! Car ceux que l'on brocarde, qu'on surnomme « chaussettes à clous » arrêtent les malfaiteurs à la seule force de l'autoritaire : « Police, tu es fait ! »

Comme presque tout le monde, Louis Jouin a reçu son Browning 7,65 (en fait il y a au début un pistolet pour trois inspecteurs) mais c'est un fonceur, il aime la bagarre et laisse souvent son arme au bureau.

Ce jour-là, il chantonne, met son pardessus, le temps est encore frais. Puis il passe la tête dans le bureau de son secrétaire :

— J'y vais Marcel !

— Vous allez à Ivry ?

— Oui, on ne sait jamais.

Marcel Guillaume se lève et tapote les poches de son chef :

— Patron, votre arme ? Ce n'est pas prudent.

— Allons, j'ai ces armes-là et elles valent toutes les autres.

Rigolard, il agite ses deux énormes paluches sous le nez de son secrétaire.

Puis il sort, revient en arrière, passe la tête dans le bureau et lance :

— Têtu !

C'est la dernière image que Marcel Guillaume aura de lui. Jouin arrive à Ivry, interroge le tailleur. Puis il monte à l'étage, ouvre la porte d'une chambre :

— Mais il y a quelqu'un ici !

Dans le noir, Jules Bonnot a tiré trois fois sur le commissaire, puis sur l'inspecteur Colmar. Les deux hommes s'écroulent, Bonnot tire une fois dans le plancher puis ne bouge plus, le troisième policier croit qu'il s'est suicidé et court chercher de l'aide. Aucun des hommes du 36 n'était armé. Bonnot se relève, enjambe la fenêtre puis s'enfuit.

La mort de Louis Jouin cause un choc terrible à la PP. Ses obsèques solennelles ont lieu dans la cour de la préfecture. Je me souviens de celles de Jacques Capela, du cortège qui a traversé Paris de la PP aux Invalides, des Parisiens qui l'ont spontanément rejoint... Pour Jouin, j'ai vu les photos d'archives, le petit préfet, avec sa barbiche en deuil et ses bonnes paroles, la veuve et sa fille de 15 ans, seules, droites. Elles ne sont pas seulement sans mari et père, elles sont sans ressources et la loi ne prévoit alors aucune pension ni retraite pour elles.

Dans un carton des archives, au musée de la PP, il y a un petit tableau naïf, déchiré sur le côté, une sorte de composition faite de photos et de lettres d'imprimerie, avec même des fleurs séchées et collées. On peut y lire « À notre regretté chef », « À un défenseur de la société ».

Mais assez parlé des morts, j'ai tant de vivants qui sont à mes côtés. Car il sera plus loin beaucoup question de grands flics, de patrons, d'hommes et de femmes qui ont marqué l'histoire de la Crim'. Ce sont les grenadiers de la Brigade criminelle, ses voltigeurs, ses grognards. Certains auraient pu (dû ?) devenir patrons ; les circonstances, leurs caractères, en ont fait autrement. J'ai eu une carrière de patron après mon passage à la Crim', mais j'aurais aimé mon métier de la même manière si j'étais resté inspecteur. Encouragé par ma femme qui voulait le meilleur pour moi et pour notre famille, j'ai passé des concours, voilà tout.

Car les gars de la Crim' je les ai enviés, je les ai « badés », comme on dit par chez moi. J'étais déjà fier de monter à Paris. Nanti de mon bac, je suis admis à la prestigieuse Préfecture de police. Il me reste à passer le « concours de binettes », un héritage suranné du préfet Lépine. On se retrouve à une vingtaine de candidats, à plancher devant un jury en tête duquel trône le préfet de police. L'exercice comportait des questions aussi importantes pour le métier de policier que : « Quel est le monument de Paris qui vous a marqué ? » ou (celle-là que j'adore) : « Quelle est la couleur politique de la municipalité de Vitry ? » Encore un mot sur cet examen surnommé « concours de binettes » car Lépine voulait des policiers le plus neutres possible, passe-partout. Taille, poids, particularités physiques, présentation : Lépine était impitoyable. Ainsi, recala-t-il le futur tombeur de Landru, Jules Belin, pour deux centimètres de trop ! Le candidat éliminé était dirigé vers la Police nationale, rue des Saussaies, là où se trouve toujours le ministère de l'Intérieur ; la PP, ça se mérite, Monsieur ! J'imagine aujourd'hui les hauts cris des diverses ligues et associations contre de telles discriminations !

Me voilà donc jeune officier de police. À Pigalle, où je suis affecté, je croise la Crim' de temps en temps, et je bave d'envie... Je regarde ces hommes, ces seigneurs qui me fascinent autant dans leur travail que dans leur vie personnelle. Je n'exagère pas. La Crim' c'est un monde à part pour le policier loin du 36, une sorte d'armée de superhéros. Un meurtre un peu bizarre, une affaire « sensible » et je vois arriver une 403 noire sans dérapages ni sirène. « Ils sont-là », trois ou quatre collègues qui sortent de la « Peuge », en costumes, l'air sérieux, intimidants. Parfois, une tête connue : « Tu as vu, Clot s'est déplacé ! ». Quand le patron de la Crim' est de la partie, c'est que l'affaire est importante. En fait, je me rendrais compte plus tard, en intégrant le 36, que mes idées reçues étaient un peu exagérées. Mais j'avais 24 ans, une allure de gamin de 16 ans, et je n'avais rien vu, ou si peu.

Je ne peux m'empêcher de les regarder travailler, certains me paraissent d'une dureté effrayante. Je ne sais pas que la Crim' a été composée à ses débuts d'anciens militaires, mais ça se voit. C'est une armée en marche, avec son général, le « patron », et ses colonels-commissaires, ses commandants chefs de groupes et enfin la troupe qui suit, obéit, et surtout qui n'abandonne aucun détail en route. Les rapports humains sont encore à l'époque, en 1963, assez « raides », la hiérarchie écrase tout. Mais nul n'est méprisé, aucune idée n'est rejetée, chaque soldat peut donner son avis, soulever une piste. On ne spécule pas, on reste sur les faits, mais on ne s'interdit rien.

Dans la traque d'Action directe, c'est l'inspecteur Jean-Pierre Moreau qui avait insisté pour que la surveillance de la « Mama », Helyette Bess, égérie des terroristes, soit maintenue alors qu'on allait « décrocher » par fatigue et lassitude. Elle n'avait pas bougé de sa planque et ne semblait pas disposée à prendre la tangente. Or, c'était notre lien avec Régis Schleicher, l'un des tueurs d'Action directe. Mais les écoutes suffiraient, pensait-on. Bénie soit l'intuition, ou plutôt la rigueur de ce policier. En effet, quelques heures après son plaidoyer pour le maintien de la planque, Bess sort, s'engouffre dans un taxi et file gare de Lyon. L'Antigang lui emboîte le pas et, cinq jours après, Régis Schleicher est arrêté, ce qui sonne le début de la fin d'Action directe. Si le patron avait dit à son inspecteur :

— Tu ne discutes pas, on décroche et c'est tout.

La suite de l'affaire aurait pu être dramatique avec des terroristes dans la nature, prêts à frapper !

Dans le même état d'esprit, c'est Marcel

Guillaume qui écoute les inspecteurs dans l'affaire Mestorino et décide de mettre le paquet sur le joaillier. À ce moment-là, il n'a rien contre lui, mais il se fie au regard de ses flics. Je pense aussi à Christian Flaesch*, commissaire à la Crim', qui retourne dans l'une des planques déjà perquisitionnée du Gang des postiches et trouve des lingots, des billets et un livre de compte qui permettront de compléter les informations, de relancer l'enquête.

Il y a tant d'exemples, tant d'anecdotes et donc tant de figures que je ne peux tous les citer, selon la formule consacrée. Mais ils sont là, dans ma mémoire de flic, tous, ceux que j'ai connus, engueulés, félicités et, bien sûr, les légendes, les historiques, les incontournables. Tenez, par exemple Maurice Gouny, peu de lignes, et encore moins de chapitres, ont été consacrés à ce personnage infernal, mort dans sa centième année. Marin, ancien de la Coloniale, il entre dans la police avant la guerre, sous les ordres de Marcel Guillaume. J'ai dit « infernal », car cet homme vivait pour la Crim', ne connaissait ni repos, ni dimanche, ni vie de famille comme ses divers patrons. D'un caractère à la limite de l'odieux, il avait aussi l'esprit de sacrifice et un cœur en or. Il

* Actuel directeur de la PJ parisienne depuis juillet 2007.

a vécu une aventure extraordinaire après ses années au 36, à la retraite : parti en mer avec des amis bretons, pêcheurs à l'île de La Réunion, il fait naufrage. Le canot de sauvetage dérive pendant cinq jours, les hommes ne survivent que grâce à la réserve d'eau minérale que Gouny a embarquée par réflexe. La situation est critique, un homme doit se sacrifier pour alléger le bateau et permettre la survie des autres. C'est Gouny qui est volontaire. L'apparition d'un bateau de sauvetage le dispensera de ce geste héroïque. Quelle vie pour cet homme, légende des bureaux de la Crim'.

Je vais être à la croisée des chemins de la Crim'. À mon arrivée en 1975, on croise encore dans les couloirs de la maison quelques vieux briscards. On les repère facilement. Mais pour la première fois, un phénomène d'usure a touché la brigade, Pierre Ottavioli doit faire le ménage, rajeunir les cadres, insuffler du sang neuf. Comme je l'ai raconté plus haut, je vois partir les anciens, remplacés par de nouvelles têtes. J'ai l'impression que l'on a ouvert la porte de l'écurie à un groupe de jeunes poulains. L'énergie déborde de cette Crim' rajeunie. Une époque se termine et je suis le témoin d'une petite révolution au sein de la très stricte Criminelle. Dans le style, on sent aussi la différence : le policier aux tempes poivre et sel, amateur de pipes et porté sur la gueulante passe la main. J'ai le sentiment qu'on passe de la Traction Avant à la DS, il était temps.

Sur la photo de la Brigade cuvée 1976, on pose, le regard fièrement dirigé vers l'objectif. C'est une véritable Crim' new look qui est là, une brigade où je ne peux que m'éclater : sur 12 chefs de groupe, j'en tutoie 8 ! On s'est connu en BT (Brigades territoriales), jeunes inspecteurs et au cours de différentes affaires, à la Mondaine. Et s'il n'y avait qu'eux : parmi les « archers de sa majesté », j'en connais pas mal aussi. Par exemple Bernard Ozanon, véritable « Père la rigueur ». Une figure au parcours surprenant : il fut plombier-zingueur, puis mania la lampe à souder avant de devenir gendarme. Un concours administratif plus tard, le voilà inspecteur de police. Remarqué, parce que remarquable, il est invité à intégrer la Crim'. Une conscience professionnelle poussée à l'extrême : la nuit lorsqu'il est de « doublure », il dort avec la radio branchée sur sa table de nuit ! Et ses P.V. ? J'ai souvent râlé sur les pages ozanesques, noires du début à la fin, sans respiration ni paragraphes. Mais quelle précision, quelle rigueur. Une procédure signée Ozanon est garantie pour longtemps, pourrais-je dire. Cet angoissé ne voulait laisser aucune chance à l'erreur, au faux-pas procédural, à la faute technique.

La Crim' est une terre de contraste : dans un bureau voisin, trônait Michel Kerbois, dilettante-né, chef de groupe doué, et qui le savait, hélas ! Il se repose souvent sur des lauriers qu'il n'a pas encore cueillis. C'est un fainéant dans le bon sens du terme, il va à l'essentiel, il est efficace, là où parfois Ozanon pinaille. Mes rapports avec Michel sont parfois tendus, le bureau résonne encore de nos prises de becs.

— Ça suffit, c'est comme ça et pas autrement !

Il est rouge de colère et claque la porte en vociférant :

— Je ne suis pas d'accord avec toi mais, comme tu es le patron, je ferme ma gueule !

Quelques heures après, on boit un coup ensemble, on se bat même pour payer la tournée ! Kerbois est un flambeur, je dirais même flamboyant. Il aime laisser libre cours à son instinct, à son « pif » comme il dit. Mais l'instinct ça ne remplace pas les faits et, à la Crim', Kerbois apparaît comme un extraterrestre, un type qui s'assoit un peu sur la procédure, sur le *credo* de la brigade. Il n'empêche que certaines de ses inspirations ont touché juste.

Quant à sa mauvaise foi… Il entre un jour dans mon bureau, jette l'enveloppe contenant le remboursement des frais (à l'époque en liquide) générés au cours du kidnapping de Louis Hazan :

— J'en veux pas de ton fric ! Et je vais te dire un truc : s'il y a encore une affaire d'enlèvement, tu m'oublies !

— Pauvre con ! Tu seras le premier à gueuler si je ne vais pas te chercher !

Il se marre et lance :

— Mouais... T'as raison en plus !

Dans le genre sanguin, j'ai Michel Calvet. Excellent flic, têtu comme un Basque qu'il est, dur, doué, intelligent. Alors, quand il faut lâcher la pression, pardon mais, quel Monsieur ! La Crim' fréquentait un resto historique, rue de la Montagne-Sainte-Geneviève (amusant, pas loin des archives), tenu par Miny, une femme d'honneur. La brigade a investi le lieu de manière professionnelle en 1962 : le restaurant était fréquenté par des militants de l'OAS. Miny n'a jamais balancé ses clients, par fidélité, pas par idéologie. Elle y a gagné la clientèle des flics de la Crim', et même du 36. Après un dîner ou une soirée chez Miny, parfois même au petit matin, Michel rentrait chez lui penaud mais heureux, comme nous tous. Il arrivait ensuite au bureau, le bégaiement encore plus accentué que d'habitude :

— Oh, pu.. pu… putain, j'ai pris un dr... drôle, de carton... rouge !

Il repartait le soir chez lui, avec un bouquet de

fleurs, il savait que sa virée nocturne lui avait déjà coûté une robe ou un parfum acheté par Madame dans la journée !

Ce n'est pas l'instinct ou le nez qui lui avait fait dire un jour à Pierre Ottavioli sur une affaire : « on embarque le mauvais mec », mais un assemblage de faits. Un meurtre sans relief, un homme poignardé par un autre, le suspect avoue en détaillant son geste. Pourtant, Michel Calvet a un doute. La leçon semble apprise, l'homme se coupe dans ses déclarations, ça sonne faux. Il n'est pas question d'impression, de ce fameux « flair » du flic, juste d'une appréciation des aveux, d'éléments qui ne forment pas un tout. Le suspect va être transféré au dépôt, mais Michel Calvet va voir le patron :

— J'ai un doute. On n'embarque pas le bon coupable.

Ottavioli est surpris :

— Il a donné des détails que seul le coupable pouvait savoir.

Parmi ces détails, le fait que l'assassin ait léché la lame du couteau après avoir planté sa victime.

— Il était peut-être présent, ou on le lui a raconté, mais ce n'est pas lui !

Ottavioli prend ses responsabilités et fait part au juge des doutes de son enquêteur. Une semaine après, le vrai coupable est finalement arrêté.

Et Pasqua ? Non pas le ministre, le vrai flic ! Bernard Pasqualini, qui voit le 15 septembre 1974, soir de l'attentat du Drugstore Saint-Germain (signé Carlos), débarquer la Crim' dans son petit bureau du commissariat de quartier. Le dialogue est bref :

— Bonsoir, c'est la Crim', on est saisi de l'affaire, on emmène les témoins chez nous.

— Mais attendez, je viens à peine de commencer les auditions.

— Laisse tomber, de toute façon on va tout reprendre ! Allez, salut !

Depuis ce jour-là, Bernard a compris que sa vie devait se dérouler au 36, à la Crim'. Ce sera chose faite en septembre 1976.

Et si je devais en retenir un ? J'ai horreur de ce genre d'exercice, semblable aux dilemmes cornéliens, aux questions qui n'ont ni queue ni tête. Mais il y a un flic qui est une sorte de portrait-robot de l'enquêteur idéal de la Brigade criminelle : Jean-Claude Hildebrand ! Il fait partie des Ottavioli's Boys, de ces inspecteurs au teint rose et au sang frais. Capable de se saisir des schémas de la Crim' : scène de crime, enquêtes de voisinages, interrogatoires… Il les maîtrise, mais sait, comme un Kerbois ou un Calvet, les violer. Un flic moderne, qui connaît son sujet, sait s'appuyer sur les traditions et le travail de la brigade pour en tirer le meilleur. Dur au mal, dur avec ses gars, mais juste. Les anciens de la Crim' – quelle horreur, j'en fais partie ! – se souviennent de son travail sur deux affaires : l'enlèvement de Revelli-Beaumont et l'attentat de la rue des Rosiers (dont nous reparlerons). Comme par hasard, les deux types de dossiers les plus complexes et mobilisateurs en matière criminelle : le kidnapping et le terrorisme !

Et les femmes ? Parce que, depuis le début de cette histoire de la Crim', de mon histoire de la Crim', je ne parle pas beaucoup de la gente féminine ! Alors, aucune « policière » ne m'aurait-elle marqué ? Nulle dame du 36 ne trouverait-elle grâce à mes yeux ? Mille excuses, mais dans les temps reculés du machisme ordinaire où j'ai intégré la Crim', il n'était pas question de femmes au sein de la brigade. N'oublions pas que les premières nominations de femmes inspecteurs remontent à 1972, et celles de commissaires à 1974. Mais évidemment, j'ai tout de même deux noms en tête : Martine Monteil et Odile Fairizé.

La première a été stagiaire-commissaire à la brigade en 1976. Je me souviens d'une blonde incendiaire au caractère fort, qui avait compris qu'elle devrait être plus forte qu'un mec pour réussir. Je serai son patron, son « monsieur le directeur » à des moments clés du 36. Les faits sont là : première femme patronne d'une brigade du 36, première femme patronne de l'ex-brigade mondaine, première femme patronne de la répression du banditisme, première femme patronne de la Crim' ! Comme si cela ne suffisait pas, Martine occupera « mon » fauteuil de patron du 36. Fermez le ban, n'en jetez plus, la cour est pleine. On se rappelle de son action à la Crim' au cours de l'affaire Guy Georges, quand elle a eu l'idée d'utiliser les prélèvements ADN, au mépris des instructions légales de l'époque. Il fallait oser braver la loi pour sauver des vies*.

Le second nom est celui de la première femme à intégrer la Crim'. Odile Fairize est candidate à un poste au sein de la brigade en 1982. À l'époque, je suis chef adjoint et Jacques Genthial en est le patron. Cet Aveyronnais entre dans mon bureau, l'air de rien :

— Dis Claude, j'ai repéré une petite, une fille qui est à la documentation à l'Antigang. Elle aimerait intégrer la Crim'.

— Et ?

— Je te fais confiance, me glisse-t-il malicieusement.

— Mais ça va être la révolution !

— Oh, tu vas bien savoir gérer ça !

Et il sort ! Gonflé mon pote, on a été pion chez les jésuites et manifestement il en a gardé quelque chose.

* Cf. chapitre XIII.

Je réfléchis. Comment faire avaler le truc à la bande de machos qui compose la brigade ? Sans compter que je ne connais pas la candidate et qu'elle a intérêt à être bonne ! Je passe mentalement en revue les chefs de groupe et j'ai une idée, un peu tordue, mais bon... Je fais venir Guy Bernard, un vieux copain, un pied-noir un peu grande gueule :

— Guy, tu vas avoir Odile Fairize dans ton groupe à partir de lundi.

Il ne dit rien, tourne les talons et sort du bureau. Je le rattrape par le col de chemise :

— Tu t'assieds et tu m'écoutes ! Genthial veut une femme à la Crim', je suis emmerdé. Alors c'est juste un stage pour voir !

— Combien de temps ?

— Quinze jours.

— Bon ok... Mais pas plus, hein ?

Il sort, calmé. Les deux semaines passent, puis un mois, j'ai des échos, Odile a été adoptée par tous, elle se débrouille comme un chef ! Je rappelle Guy.

— Bon allez, l'expérience a assez duré. Tu vas être content, je change Odile de groupe !

— Quoi ? Pas question, je la garde ! Elle est géniale.

Et il s'en va, un peu en pétard. « Gros malin, je t'ai bien eu », n'ai-je pu m'empêcher de penser.

Odile va démontrer des qualités d'enquêtrice hors pair. Elle a eu un jour un réflexe fantastique : elle achète un billet de train gare de l'Est pour un voyage d'agrément. Odile vient d'intégrer la Crim', elle connaît bien les dossiers d'Action directe. Or, un visage dans la file du guichet fait tilt : Helyette Bess, une des figures marquantes du groupe, sous surveillance depuis plusieurs mois. Elle regarde autour d'elle, persuadée de voir le visage connu d'un collègue de l'Antigang. Mais personne ! Que faire ? Peut-être a-t-elle raté la surveillance, loupé le dispositif ? Non, elle en est sûre, Bess a échappé aux flics et elle s'en va rejoindre les autres. Odile s'approche du guichet, montre sa carte discrètement, « annonce la couleur » comme on dit.

— La dame qui est passée à l'instant, elle allait où ?

— Strasbourg, prochain départ.

— Merci.

Il reste quarante minutes avant que le train quitte la gare, Odile fonce vers une cabine.

— Permanence BRI, j'écoute.

— Ici Odile.

— Oh, tu vas bien ? Comment ça se passe à la Crim'?

— Pas le temps, j'ai Helyette Bess en visuel et personne au cul ! Elle prend le train pour Strasbourg dans 35 minutes.

— Oh putain, ne bouge pas, je transmets !

15 minutes plus tard, six flics de l'Antigang s'installent « innocemment » dans le Paris-Strasbourg.

Je n'en rajoute pas plus, ils sont si nombreux ces flics de légende qui peuplent l'histoire de la Crim' et mon histoire personnelle.

On pourrait penser qu'il n'y en a que pour les flics, que je méprise les autres composantes d'une enquête ou de la vie de la Brigade criminelle. Non, je n'oublie pas les autres, notamment les hommes des services techniques. Leur apport à l'histoire de la Criminelle et du 36, ou même à la grande histoire, est important. On ne le sait pas assez, mais ce sont les « garages » (leur surnom) qui ont alimenté les réseaux de résistance entre 1940 et 1944. Dans les affaires d'enlèvements, ils ont beaucoup travaillé également avec la Crim'.

Il y a une figure incontournable, importante de l'enquête criminelle. Il est d'ailleurs assez amusant de constater que la télévision en fait l'un des héros modernes de l'investigation : le médecin légiste. Je travaille avec un certain docteur Paul : ne poussez pas de hauts cris, ce n'est pas le fameux Charles Paul, la légende du quai de la Rapée (adresse de la morgue, pardon, de l'Institut médico-légal), mais peut-être un parent ou juste un homonyme. Le « vrai » docteur Paul, qui apparaît dans Maigret, je ne l'ai pas connu, il a pris sa retraite à la fin des années 1950. Mais j'en ai beaucoup entendu parler.

Charles Paul est une sacrée personnalité. Il ne parle pas, il tonne, il ne rit pas, il fait trembler les murs. Il a de l'humour à revendre, fume sans discontinuer et connaît son métier de légiste sur le bout du bistouri ! Sa vie se confond avec l'histoire du crime. Lors de l'affaire Landru, il brûle des têtes de moutons dans le même modèle de cuisinière que celle du tueur de Gambais. Il travaille sur d'étranges morceaux de cadavres retrouvés dans Paris sous l'occupation et pense tout de suite à l'œuvre d'un confrère, il aura vu juste, l'auteur était le Docteur Petiot. De même, il félicitera une « dépeceuse » pour sa sinistre besogne :

— Bravo Madame, je n'aurais pas fait mieux !

Et puis il y a les autres, tous les autres, ceux que je croise dans les couloirs, ceux qui nous dirigent depuis le palais de justice, ceux qui défendent nos « clients » qui, du coup, deviennent les leurs.

J'ai vécu le 36 à l'ancienne, celui que l'on peut voir dans certains bons films. Dans les couloirs de la Crim', traînaient ou plutôt campaient les soirs de grosses affaires, les reporters. En ces temps reculés, la presse entrait au 36 comme dans un moulin, les spécialistes des faits divers de l'AFP ou de *France Soir* y avaient leurs bureaux. Ils nous connaissaient tous, se précipitaient sur nous quand on passait dans le couloir. Ils étaient malins les bougres. Ils repèraient le bureau où était interrogé le suspect, observaient le commissaire ou l'inspecteur qui en sortaient, un sourire aux lèvres, rajustant leur cravate et se dirigeant vers le bureau du patron. Dans *France Soir*, après quelques infos soutirées aux autres flics, cela donnait des titres du genre : « L'étrangleur des Batignolles a avoué ses crimes monstrueux ! »

Flics et journalistes ont toujours eu des rapports incestueux, troubles mais corrects. Celui qui ne respecte pas sa part du marché est écarté. On ne lui parle plus, le voilà coupé de ses sources, aveugle et sourd. Il est « tricard ». J'ai croisé Pichon et Texier de *France Soir*, Follin de *L'Aurore*, Alazar de l'AFP ...

Lors d'un pot en avril 1982, ce brave René Alazar apprend que je vais être renommé au 36. Je suis alors chargé de mission au cabinet du directeur général de la police, rue des Saussaies. Je piaffe d'impatience, ces trois ans de vie de cabinet m'ont intéressé, mais j'en ai marre, j'ai fait le tour de la question. Aussi, ce retour au 36, et à la Crim' de surcroît, me ferait-il presque danser sur mon bureau, attitude fort peu convenable pour un haut fonctionnaire de mon rang. À l'époque, le ministère de l'Intérieur est tenu par des apprentis-sorciers. Gaston Defferre voit des complots partout, des flics forcément de droite et crie au racisme à chaque interpellation. Le nouveau pouvoir en place depuis moins d'un an a réussi ce qu'aucun gouvernement avant lui n'avait pu « obtenir » : une manifestation de l'ensemble de la Préfecture de police sous les fenêtres de Robert Badinter, ministre de la Justice. Les relations entre « Gastounet », son conseiller technique Frédéric Thiriez – aujourd'hui sa moustache fait les beaux jours de la Ligue professionnelle de football – et l'état-major de la police parisienne sont exécrables. Tout le monde se méfie de nous, les policiers sont accusés de tous les maux. Thiriez se voit traité de « petit con » par le directeur central de la PJ, Maurice Bouvier. Les hommes de l'Intérieur nous regardent de haut, Defferre parle d'avoir la « peau du 36 ».

Un psychodrame éclate à ce moment-là, quand Gaston Defferre nomme le créateur de l'Antigang, François Le Mouël, Directeur du 36. Celui-ci propose Marcel Leclerc, patron de la Crim' comme sous-directeur. Jusque-là, tout va bien, ascenseur normal, promotion logique et rituelle qui mène le patron de la Crim' au fauteuil directorial à plus ou moins brève échéance.

— Leclerc ? Hors de question ! C'est un facho !

Defferre a tranché. Il est persuadé que, dans l'affaire de l'attentat à la bombe, en octobre 1980, contre la synagogue de la rue Copernic, la Crim' et donc Marcel Leclerc, a sciemment négligé la piste de l'extrême droite. Peu importe que cette piste n'existe que dans l'imagination du ministre et de ses sbires. Marcel Leclerc est un salaud, voilà tout. Devant tant d'incompétence et de sectarisme, François le Mouël démissionne, Marcel Leclerc se voit alors proposer la direction de la PJ de Marseille, une « promotion » qu'il refuse :

— Monsieur le Ministre, comme mon statut de policier rattaché à la PP me le permet, je me vois contraint de repousser votre offre.

Gaston Defferre est blême, il avait même invité Madame Leclerc dans son bureau pour tenter de l'influencer :

— Vous verrez, la vie est belle à Marseille !

Juste avant cette rencontre au sommet, j'avais reçu Madame Leclerc dans mon bureau et me doutait bien que le ministre pouvait faire la roue devant elle jusqu'à la fin des temps que cela n'y changerait rien ! Leclerc s'est retrouvé au « cimetière des éléphants », en langage flic : l'Inspection générale de la police nationale (la police des polices).

Donc, à la suite de ce jeu de chaises musicales, je vais reprendre le chemin du 36, sans doute comme numéro deux de la Crim'. Mon patron sera Michel Richardot. Je me fais une joie de travailler avec lui, je l'ai connu et apprécié à la Mondaine. Mais Gaston Defferre va encore frapper. La dépêche AFP de René Alazar annonçant nos nominations comme acquises agace ce méridional qui a l'impression qu'on lui force la main. Donc *exit* le duo Richardot-Cancès ! Jacques Genthial est choisi. J'aurais aimé être une mouche dans le bureau du directeur général lorsqu'il y a eu ce dialogue :

— Genthial, vous prenez les commandes de la Crim'. Donnez-moi le nom de votre adjoint.

— Claude Cancès.

Il n'était pas question de prononcer mon nom devant Defferre. J'ai dû attendre trois mois pour être discrètement nommé ! Quant à René Alazar, je ne lui en ai pas voulu, ni à lui, ni à l'AFP.

C'est à Gaston Defferre que l'on doit aussi l'exode des journalistes du 36. Le ministre a ordonné la fermeture du Quai des Orfèvres à la presse et l'interdiction aux policiers non syndiqués de parler aux journalistes. Désir de maîtriser sa communication, besoin de contrôler l'information sont les causes de cette décision. Le bureau du deuxième étage, réservé à la presse depuis toujours, va donc retrouver une destination policière. Périodiquement, le cabinet du préfet ou le ministère tentent de limiter les contacts entre les journalistes et la Crim', mais peut-on empêcher des rencontres et des liens de se créer au détour d'une affaire médiatisée ? J'ai croisé des reporters spécialisés, des fait-diversiers, des investigateurs : Pontaut, Derogy, Reverier, Bellon, Plenel... L'image du journaliste déboulant au 36, le calepin à la main et l'imperméable sur le dos, je l'ai vue. J'ai vécu la sortie des bureaux de la Crim' avec les questions de Jacques Pradel ou d'Alain Acco, la chronique de Paul Lefèvre.

Mais s'il y en a un que j'aurais bien aimé connaître, c'est bien Maurice Josco de *France soir*. À l'époque, le quotidien est le roi des faits divers, il tire à un million d'exemplaires, sur sept éditions par jour. Je me souviens des sorties au petit matin, après une nuit d'interrogatoire et d'enquête. On traversait le pont pour boire un petit café à La Boule d'Or. Dans le kiosque à journaux, la Une de *France Soir* s'étalait. Notre affaire y était déjà détaillée ! Et en gros titre, sur cinq colonnes, le nom du suspect que nous venions à peine de quitter ! On se précipitait, mi-fier, mi-en colère :

— Qui a bavé ?

— Regarde, ils ont déjà presque tout !

Parmi ces chiens de chasse du quotidien de la rue de Réaumur, il y avait donc Maurice Josco. Il a couvert les plus grandes affaires des années 1950 et 1960, est allé sur les pires catastrophes. Un cas, une figure. D'une inculture crasse, il a le crime et la Crim' dans le sang. Pour interroger un témoin, obtenir des informations, il était capable de tout. Ainsi, il a un jour remonté la piste d'une paire de hauts talons roses pour avoir avec 24 heures d'avance sur la police le nom de l'assassin d'une prostituée. Il faut dire que le journal avait un lot de forts caractères. Ainsi, ce rédacteur en chef dont le nom m'échappe qui met en page la colonne de brèves avec les petits meurtres et autres affaires. Un des cadavres de la nuit porte le même nom que le sien, ce qu'on lui fait remarquer :

— Quelle adresse ? demande-t-il.

— Rue des Ternes.

— Au 16 ?

— Oui.

— C'est mon père ! Suicide : quatre lignes en bas de colonne !

Quant à Josco, il paraît qu'on le trouvait plus facilement au Sordide, le bar installé dans les locaux de *France Soir*, que derrière sa machine à écrire. Il faut dire que ces bars fourmillaient de toutes sortes de gens, y compris les inspecteurs du Quai ou du commissariat de la Porte Saint-Denis.

C'est bien le genre d'endroit où on ne risquait pas de croiser les gens du palais de justice. Les magistrats que l'on voit sur les vieux clichés sont bien trop guindés pour se mêler à la populace.

Cela changera avec les années 1970, avec l'arrivée d'une génération de juges plus proches du terrain. Je revois Laurent Davenas, substitut du procureur, qui monte à la Crim' et nous remonte le moral après la mort de Jacques Capela. J'en revois d'autres, hier magistrats avenants, puis prenant la grosse tête et s'imaginant même en cowboy justicier ! Jusque-là, la figure du juge était celle d'un homme vêtu de sombre, le Code de procédure pénale brandi comme un étendard. Un fonctionnaire de justice qui vient sur les reconstitutions, observe l'assassin refaire les gestes de son crime. Mon passage à la Crim' va correspondre à la vague des juges médiatiques, d'abord en province avec le Juge Fayard à Lyon, puis à Paris, où petit à petit la figure du « superjuge » va remplacer celle du superflic. Le public va vibrer devant les investigations de ces hommes de dossiers dans des affaires politiques, de financements occultes ou de terrorisme, comme il vibrait lorsque le commissaire Guillaume publiait ses mémoires en 1937, quand Broussard traquait Mesrine ou Ottavioli mettait fin aux gangs de kidnappeurs.

Un juge d'instruction m'a particulièrment marqué : Martine Anzani. Elle n'était pas attirée par la lumière des caméras ou les fauteuils des plateaux de télévision. Elle avait un sourire éclatant, mais elle pouvait se montrer tranchante et dangereuse comme une lame de rasoir ! Très proche des enquêteurs, elle ne pardonnait pas les erreurs. Elle n'a jamais hésité à envoyer sur les roses sa hiérarchie ou les avocats de la défense. J'ai sous les yeux sa photo prise lors de mon pot de départ de la Crim', elle a l'œil qui pétille et un grand sourire, mais, la minute d'après, elle pouvait se montrer glaciale. Sur ces photos, il y a tout l'univers du crime : magistrats, journalistes, poulets... Tiens, un visage pittoresque, celui de Jojo Louessard. C'est l'appariteur de la Crim', l'homme à tout faire de la brigade. Il n'a pas sa carte de police et pourtant il est l'un des nôtres. Toujours là, que ce soit pour introduire un visiteur, surveiller un suspect, fabriquer un scellé ou prendre des photos. Il oubliait parfois de mettre la pellicule, mais cette étourderie était en partie imputable au pastis dont il abusait parfois.

Ils sont tous là, dans ma mémoire et dans celle de la Crim', ceux et celles qui ont traversé son histoire, l'ont côtoyée, accompagnée dans sa croissance, lui ont donné ses lettres de noblesse.

Les flics, les flics, les flics... Mais, Cancès, sans les voyous, les assassins, les empoisonneuses, la Crim', c'est rien, non ?

Chapitre VIII
Les beaux mecs

Quand ce terme de « beau mec » est-il apparu ? Je crains que cela se soit perdu dans la légende de la Crim'. L'émergence du milieu, dans les années 1920, les Corses montés à Paris, le style gangster importé de Chicago, tout cela a sans doute favorisé l'utilisation de ce vocable. Pour un flic, un « beau mec », c'est un sacré client, un beau voyou, celui que l'on a plaisir à faire tomber.

Tout est dans l'allure, le petit malfrat avec ses costards en soie, ses pompes en croco et ses bagues ne fait pas toujours l'affaire. Il faut aussi avoir un pedigree, une personnalité qui en impose, devant qui on s'écarte en tirant son chapeau. Enfin, disons plutôt que les gens de leur monde, qui n'est pas le mien, se découvrent.

J'ai croisé un homme qui est pour moi l'archétype de ces voyous-là : François Marcantoni. Il avait belle allure avec son Borsalino et son cigare.

J'ai eu la chance, jeune inspecteur, de tous les voir défiler dans les locaux du SRPJ de Versailles, dans le petit bureau dévolu aux enquêteurs pendant l'affaire Markovic. Un rituel immuable pour ces beaux mecs que l'arrivée dans les murs de la PJ, l'air sûr d'eux, le casier judiciaire faisant office de titres de gloire, le pardessus en poil de chameau, les cheveux gominés, les énormes bagouzes aux doigts, le costume croisé à grosses rayures et selon les cas, l'accent corse. François le Grec, Le Porte-Avion, Claude Le Gros... Le nom du beau mec ou son surnom, est prononcé avec un peu de crainte. Ainsi, lorsque les gens parlaient des Zemmour, ils disaient « les Z » et cela suffisait. Je revois Edgar Zemmour dans l'escalier du 36, un manteau en fourrure sur les épaules, agitant les mains. La figure mythique tient dans les actes qu'on impute au beau mec, mais aussi dans son supposé sens de l'honneur. Ainsi, Mesrine, est paré de certaines qualités. C'est un nom qui revient souvent, on imagine que parce que j'étais commissaire de la Brigade criminelle dans les années 1970, j'ai forcément croisé la trajectoire du « grand ». Je n'ai aucune admiration pour cette grande gueule qui reste pour moi, comme pour tous les flics qui l'ont traqué, un tueur.

Non, les deux mythes que sont la Crim' et Jacques Mesrine ne se sont jamais télescopés, hormis *post-mortem.* C'est la brigade qui a enquêté sur la fusillade de la Porte de Clignancourt, voilà tout. En revanche, les grands voyous de l'immédiat après-guerre vont participer à la légende de la Crim'.

Ils sont tous là, sortis de l'occupation avec des casseroles plus ou moins lourdes. Ils n'ont qu'un drapeau, celui du fric, vite gagné, à coup de flingues s'il le faut. Je me suis plongé dans le dossier du plus connu, Pierre Loutrel alias Pierrot le Fou. Il est révélateur d'une époque, d'un certain genre de voyous. Ils ont souvent pris plus de baffes chez eux que de tartines de confitures. Leurs enfances sont souvent interchangeables, alcoolisme, familles éclatées, échecs scolaires ; le parcours est balisé des mêmes repères : maisons de correction (appelons ça bagnes d'enfants, ce sera plus honnête), sévérité excessive des juges (le fameux panier de cerises d'Edmond Vidal), et bataillons disciplinaires d'Afrique... Les voilà, adultes, convaincus que la seule voie pour s'en sortir est au bout du fusil, qu'il faut prendre à la société ce qu'elle ne donne qu'avec réticence, l'argent et le plaisir ! Ils sont maquereaux, petits cambrioleurs, voleurs de bagnoles, roulottiers, casseurs, tireurs... Puis certains atteignent le nirvana, la Roll's de la mauvaise conduite : le braquage !

Dans le monde des truands, il fallait faire ses

preuves. Ainsi, Pierre Loutrel a d'abord été surnommé Pierrot la Bagnole tant il savait manier un volant. Il volait des voitures pour les autres, les trafiquait puis faisait le chauffeur durant les casses. Un beau jour, il a eu une arme en main, devenant braqueur lui aussi, l'égal des hommes, des vrais, des tatoués !

Après la guerre, le nombre d'agressions explose. Au 36 on en a marre d'entendre le slogan moqueur « tractions avant, police derrière ! » Le patron de la Crim', le commissaire Pinault est exaspéré par les bandes qui sévissent. Émile Buisson, dit « Mimile », Pierrot le Fou, Abel Danos « le Mammouth », René Girier « la Canne », Jo Attia « le roi du non-lieu ». Alors il va s'arranger pour que la situation évolue. Quelques inspecteurs se lamentent devant un journaliste de *France Soir*, puis le patron de la brigade les rejoint.

— Entre nous, on ne vous a rien dit, mais l'état actuel de la brigade ne nous permet d'attraper que des courants d'air !

— Vous exagérez, Monsieur le Commissaire.

— Venez, je vais vous montrer.

Le reporter visite la Crim', on lui met sous le nez, l'air de rien, des rapports confidentiels avec les chiffres catastrophiques de la délinquance. Il admire les moyens alloués au 36 : huit voitures d'avant-guerre pour 1 200 hommes, des pistolets 6,35 pour lutter contre les 11,43 des gangsters... Il n'y a que douze lignes de téléphone à la PJ et un inspecteur qui réclame du renfort doit insister et prier pour obtenir la brigade. Nous sommes en novembre 1945 et trois inspecteurs sur cinq sont encore affectés à la traque des collabos et autres traîtres de l'occupation.

Alors *France Soir* tape fort et publie un dossier incendiaire : « Pourquoi la police n'arrête pas les bandits ! »

En lisant l'article, le commissaire Pinault croise les doigts ; il espère que les moyens réclamés par le journal lui seront donnés et que son message par voie de presse va atteindre son but. Les voyous prennent Paris pour un stand de tir, et les bijouteries du 16e pour un libre service.

Pinault sait que ces braqueurs, quasiment tous condamnés à mort pour leur conduite durant l'Occupation, n'ont plus rien à perdre. Le ministre de l'Intérieur se penche sur le dossier, le préfet de police amorce des explications embrouillées et il est décidé à créer au plus vite une unité au sein de la Brigade criminelle qui traquera toutes les équipes. La Brigade des agressions, *alias* « les agress » est née. Elle va se loger, comme toutes les petites nouvelles, sous les combles.

Petit à petit, les gangs de braqueurs vont tomber, soit aux mains de la Crim', soit dans l'escarcelle de la Sûreté nationale. L'Ennemi public numéro un, c'est Pierrot le Fou et le fameux Gang des tractions avant. On le voit partout, on lui prête tous les exploits. Mais Loutrel monte au braquage de plus en plus alcoolisé et il est d'une violence sans limite. Lors d'une attaque de bijouterie, il titube, saoul, le commerçant résiste, Le Fou s'enfuit, grimpe dans la traction avant. Jo Attia démarre et fonce, Pierrot le Fou range son flingue dans sa ceinture, le coup part.

Les voyous l'emmènent à l'hôpital, puis l'en sortent par peur que les flics n'arrivent. Mais le transport est fatal à Pierre Loutrel qui meurt dans la nuit. Attia, Danos et les autres décident de l'inhumer dans l'île de Gillier, une sorte de petit bout de terre près de Mantes sur un bras de la Seine. Ce n'est que trois ans plus tard, en 1949 qu'un indicateur montre aux hommes de la Crim' la tombe de Pierrot le Fou. Durant trois ans, la Criminelle a pourchassé un mort.

Je vais entendre parler d'un autre membre du Gang des tractions avant, Georges Boucheseiche. L'homme a toujours su naviguer à vue. Gestapiste entre 1941 et 1944, il « rend des services » aux « Services » (entendez par-là les services de renseignements de la France libérée) en 1945. Puis il réapparaît comme braqueur et trempe de nouveau dans les combines occultes, les « barbouzeries » des années 1960. Son nom apparaît dans l'affaire Ben Barka, qui me vaut d'être interrogé par les Bœufs carottes de l'IGS. Une seule question :

— Connaissez-vous Georges Boucheseiche ?

— Non.

Toute la Brigade mondaine passe sur le grill, il faut dire que deux d'entre nous, Souchon et Voitot, ont participé à l'enlèvement de l'opposant marocain. On sait aujourd'hui qu'il a probablement été tué par les services marocains dans la villa « prêtée » par Boucheseiche.

Mes beaux mecs sont d'un calibre un peu en dessous. Il faut constater que le genre avait un peu périclité lorsque je suis arrivé au 36. Mais à côté des dingues de la gâchette que sont Mesrine et Willoquet, on a de sacrées équipes. C'est d'ailleurs la guerre à Paris pour le contrôle des machines à sous, des filles et du racket. Les Zemmour font régner la loi, flinguant leurs concurrents, lesquels réagissent. C'est la guerre entre le clan des Siciliens des Vella-Gauthier et les Z auxquels un piège a été tendu et qui déclenche une fusillade avec l'Antigang au bar du Thélème, boulevard Saint-Germain. Bilan BRI : trois blessés. Bilan Zemmour : un mort (William). Les Z ne vont pas laisser cette affaire longtemps en suspens. Quelques mois plus tard, et ce sera, on l'a vu, ma première affaire à la Crim', Jean-Claude Vella, alias « Petites pattes » est assassiné. En 1983, le meurte de Gilbert Zemmour, dernier membre du clan encore sur ses deux jambes, sonne la fin de cette famille de pieds-noirs. Leur emprise sur Paris durait depuis dix-huit ans !

Dans ma vie avant la Crim', j'ai croisé en 1968 un certain Nicolaï, un Corse. Il est interpellé, conduit à la PJ de Versailles. J'y suis détaché comme inspecteur de la Mondaine sur un dossier qui fait encore parler de lui, l'affaire Markovic. Dans une décharge, on a retrouvé le corps de ce jeune homme, garde du corps d'Alain Delon. Le dossier « pue ». Des rumeurs évoquent des partouzes avec l'épouse de l'ancien Premier ministre Georges Pompidou, un grossier montage photo circule même. Dans cette affaire, on interroge donc ce Nicolaï, fiché au grand banditisme. Il est massif, a l'accent corse, des yeux qui vous transpercent, lorsqu'il daigne vous regarder. Il est entendu comme témoin, on va vite conclure qu'il n'a rien à voir avec l'affaire. Tant mieux, car son audition tient en quelques lignes : son nom, son prénom et sa date de naissance. Nicolaï va passer les 48 heures légales de garde à vue sans rien ajouter d'autre.

Ce voyou m'a marqué, il m'a bluffé, je l'avoue. 48 heures sans rien dire, sans même parler du temps qu'il fait ou se permettre un petit bavardage. Une tombe ! Comme de la Tocnaye dans l'affaire du Petit-Clamart, Nicolaï avait son code d'honneur. Le sien était simple : « Je ne parle pas aux poulets ! »

Un autre personnage, plus flamboyant, m'a d'abord emmené aux sports d'hiver. La Crim' recherchait alors un certain Albert C., un braqueur témoin d'un meurtre. Un tuyau nous le logeait dans une station des Alpes. Le bonhomme avait la particularité de ne circuler exclusivement qu'en limousine anglaise, d'où son surnom d'« homme à la Rolls ». Cultivé, poli, intelligent, il n'avait pas le profil du malfrat classique, c'est du moins l'impression qui fut la mienne après son arrestation. J'ai eu récemment de ses nouvelles, par hasard, on me l'a même passé au téléphone. C'est ainsi que j'ai appris qu'il était devenu un respectable homme d'affaires, maire d'une petite ville du sud et qu'il a même l'intention de se présenter à la députation ! J'ai oublié de lui demander s'il aimait toujours les Rolls.

D'autres noms ont, depuis, surgi dans le paysage voyoucratique français. Je pense à Francis le Belge, flingué en 2010 à Paris dans un bar PMU de la rue d'Artois. Un dossier de plus pour la Crim' et un client de moins. Il y a de nouveaux voyous, des caïds plus ou moins autoproclamés, mais honnêtement, que puis-je raconter sur des gens comme Norredine, alias « La gelée » surnommé ainsi pour la consistance de son cerveau ? Il y a certes eu de belles équipes comme la « *Dream team* » ou « les Panthères Roses », mais ce n'est pas notre sujet.

L'histoire de la Crim' est jalonnée de ces personnages, de ces personnalités, mais aussi de sentiments confus qui se télescopent, qui tournent dans nos mémoires. Une affaire résolue ne chasse pas un échec, ou un ratage, une erreur. Et puis il y a eu aussi ces périodes troubles où on ne sait plus comment faire, comment agir, quand l'ennemi est en nous, quand la conscience se déchire. Tout cela a un goût, celui de l'amertume.

Chapitre IX
Un goût amer

On a fait son boulot de flic, on a transmis un suspect à la justice, ramassé des preuves, obtenu des aveux. Pourtant, il y a comme une boule dans l'estomac, un truc qui ne passe pas, comme le sale café du matin. Je n'aurais pas aimé me retrouver dans la position du commissaire Marcel Guillaume, en 1933. L'affaire Violette Nozière est ancrée dans notre inconscient comme Landru ou Petiot.

Un couple est retrouvé dans son appartement, il flotte une importante odeur de gaz chez Monsieur et Madame Nozière. Mais le légiste conclut à l'empoisonnement et la fille du couple, âgée de 18 ans, disparaît. Un mandat est délivré, la police a rassemblé des preuves de l'empoisonnement perpétré par Violette Nozière ; le père est mort, la mère a survécu.

L'enquête est rapide. Violette se prostituait et

était totalement délaissée par des parents égoïstes. Elle est avide d'une vie plus facile, luxueuse. Les journaux s'emparent de l'affaire de « L'empoisonneuse », font de Violette le symbole d'une jeunesse décadente, gâtée, dénuée de la moindre morale. Elle est arrêtée après une nuit de fête au cours de laquelle elle est reconnue. On l'emmène au 36, Marcel Guillaume a quelques minutes pour l'interroger avant que les agents ne l'emmènent chez le juge. Le commissaire sait que ça ne sert à rien, il n'y aura pas de procès-verbal de cet interrogatoire informel, étranger à la procédure. Le patron de la Crim' n'a plus rien à faire dans cette enquête. Mais Guillaume ne traîne pas pour rien le surnom de « têtu » : il veut comprendre, savoir pourquoi une jeune fille de 18 ans a voulu assassiner ses parents. Il sait qu'elle se prostitue par amour pour son amant, qu'elle l'entretient, que le petit maquereau en veut toujours plus. Mais il ne croit pas que ce soit la seule raison, que le crime soit juste un acte crapuleux, monstrueux. Il la pousse, la cerne, elle est là, les yeux baissées, un mouchoir entre les mains. Il veut savoir, comprendre, il adopte vite le ton d'un confesseur, d'un ami, d'un homme à qui on peut tout dire.

— Je n'ai pas voulu empoisonner ma mère, lâche-t-elle dans un sanglot.

— Alors c'est à votre père que vous en voulez ?

À ce moment-là, Marcel Guillaume a sans doute compris l'horrible vérité, mais il faut que Violette lui dise, s'épanche. Elle est en larmes, il lui essuie le visage, se montre de plus en plus gentil et paternel :

— C'est si bon de pouvoir se confier à quelqu'un, dit Guillaume en cherchant à la mettre en confiance.

— Vous ne me croirez pas ! Se lamente-t-elle.

— Oh si, en ce moment vous n'êtes pas capable de mentir !

Alors, elle raconte, décrit le père incestueux, l'horreur des soirées passées à craindre la visite de son géniteur incestueux, les années passées à voir papa comme un être ignoble, le silence de sa mère qui la traite de menteuse, et son enfance volée, brisée.

Marcel Guillaume est bouleversé, il est sûr qu'elle dit la vérité. Mais Violette ne lui appartient plus, elle est désormais entre les mains du juge, en attendant les « assiettes », la Cour d'assises. On va bien trouver un chiffon taché de sperme dans l'armoire du père, mais cet élément sera rejeté. Dans le box des accusés, elle est là, avec son visage d'ange et ses yeux baissés. Le public se passionne pour le procès, Marcel Guillaume n'a pas été appelé par la défense :

Violette est condamnée à mort parce que la justice ne veut pas à l'époque entendre parler d'inceste. Mais l'affaire trouble tout le monde. De plus, en France, on n'exécute pas les femmes. La condamnation est prononcée mais est quasi automatiquement annulée par la grâce présidentielle. En 1941, l'État français de Philippe Pétain réduit la détention à douze ans de prison. Charles de Gaulle suit le mouvement pétainiste et la fait libérer en 1944. Elle est réhabilitée en 1963. Une année marquante puisque Marcel Guillaume quitte cette terre à l'âge de quatre-vingt-douze ans et c'est aussi l'année de mon entrée au 36 ! Pour le premier, il y aura un article dans les journaux : « Le commissaire Guillaume, modèle de Maigret, est mort ». Mais il y aura mieux, avec cet hommage suprême signé Georges Simenon que je ne peux m'empêcher de restituer :

« La mort du commissaire Guillaume m'affecte personnellement. On a dit qu'il avait servi de modèle au personnage de Maigret, et c'est vrai en partie. Lorsque, après la publication des trois ou quatre premiers romans de la série, Xavier Guichard, alors directeur de la PJ, m'a prié d'aller le voir pour me montrer des policiers en chair et en os, en même temps que le fonctionnement de ses services, c'est le commissaire Guillaume, chef de la Brigade criminelle, qu'il a chargé de cette initiation.

« Il m'a parlé de la technique des interrogatoires, en particulier, m'a mis en rapport avec un de ses anciens collaborateurs, grand as en la matière, le commissaire Massu, qui devait lui succéder quelques années plus tard.

« Ces deux hommes, d'égale conscience et d'égale habileté professionnelle, m'ont été très précieux. Lequel des deux a déteint sur un Maigret déjà existant mais encore schématique ? Il me serait d'autant plus difficile de le dire que j'ai connu d'autres fonctionnaires de la PJ qui, peut-être à mon insu, m'ont plus ou moins impressionné.

« Nous sommes devenus bons amis, Guillaume, Massu et moi. Nous nous sommes revus souvent et j'étais présent le jour où, au Quai des Orfèvres, les proches collaborateurs du commissaire Guillaume, une coupe de champagne à la main, entouraient une dernière fois le patron qui venait d'atteindre l'âge de la retraite.

« Ils sont fous, me disait un Guillaume ému et quelque peu amer. À cinquante-cinq ans, nous avons tout juste appris notre métier et on nous met dehors...

« Il devait avoir encore une longue activité, comme détective privé, avant de disparaître à quatre-vingt-douze ans.

« Pour moi, ce n'est pas seulement un ami qui s'en va, mais comme un frère aîné de Maigret*. »

Quel flic ne rêverait-il pas d'un tel hommage ? Il fallait pour cela une rencontre exeptionnelle entre un grand flic et un grand écrivain.

Des affaires qui laissent un goût d'inachevé, tous les flics de tous les services en connaissent : erreurs judiciaires, coupables insaisissables, prescription... On a mille raisons de se retrouver en proie à l'agacement, au sentiment de ne pas être allé au bout, ou pire encore pour un flic : d'éprouver un sentiment d'impuissance. J'ai été confronté à des pages d'histoire, à des cas qui ont fait couler beaucoup d'encre, mais je n'oublierai jamais le meurtre de François Doublet.

— C'est fou ce qu'on découvre de cadavres durant la nuit !

Ma femme me fait cette réflexion quand le téléphone sonne à 1 heure 30 du matin ce dimanche 16 juillet 1978.

— Claude ?

Je reconnais la voix d'un vieux pote de l'état-major du 36 et puis d'ailleurs, qui d'autre peut m'appeler à cette heure-ci ?

— On a un restaurateur assassiné à Vanves, tu dérouilles !

* *in Le Figaro littéraire* du 23 février 1963.

Je ne dis pas « merde », mais je le pense fortement. Je rêve parfois de meurtres à 16 heures, loin, loin, très loin de ma permanence. Mais ce n'est qu'un rêve, alors je m'habille en un tournemain, j'ai une certaine expérience de la chose ! J'ai l'haleine d'un poney, les yeux collés par le sommeil, mais il faut y aller ! Au volant de la Simca 1100 grise, moche, je suis déjà en piste. J'ai juste une pensée pour mon petit, je ne suis père que depuis un mois et demi. J'imagine la scène de crime, un petit bistrot restaurant, un patron qui baigne dans son sang. Sans doute une affaire de braquage qui a mal tourné. Je me fourre le doigt dans l'œil, je dirais presque, comme d'habitude. La Tourelle est un restaurant plutôt chic, immense, fréquenté par du beau monde, une sorte de manoir planté au milieu d'un immense parc. Tu parles d'une gargotte ! Quant au braquage qui tourne au vinaigre, rêve toujours Cancès ! Le mort a été tué d'une balle dans la nuque, ce qui n'évoque pas vraiment un « incident de tir ». Mais on est à la Crim' et tout est possible tant que l'enquête ne décrète pas que c'est impossible !

On a le crime en pleine nuit, le restaurateur prospère, la balle dans la tête « façon exécution ». Il ne nous manque plus que la femme fatale. Et on l'a ! Elle est là, face à nous, incarnation de la douleur muette, avec son bébé dans les bras. Quand je décris cette scène, j'ai l'impression de naviguer entre Zola et un mauvais roman policier. Mais rien n'est inventé, son fils est même né quatre jours après le mien ! Elle est Russe, belle à tomber par terre, on a du mal à l'imaginer mariée avec les 110 kilos de viande froide couchée par terre. Je me défie autant du délit de sale gueule que de celui de belle gueule ! Trop belle pour être innocente ? On y a tous pensé et je crois qu'on y pense tous encore. Sur une table, au fond du restaurant, une bouteille de champagne et deux verres. On est dans une classique histoire de fin de soirée. Monsieur et Madame sont sortis, l'affaire tourne toute seule et une soirée ailleurs tombe bien. Ils vont au restaurant, un autre, une autre ambiance, sans que François ait à s'occuper de la salle ou de la cuisine. C'est la première sortie du bébé, ils s'attardent. Lorsqu'ils rentrent, les lumières sont éteintes, tout le monde est parti : « Une dernière coupe ma chérie ? »

— Je suis monté changer le petit, j'ai entendu un coup de feu

— Vous n'avez rien vu ?

— Non ! Je suis redescendu et j'ai vu François par terre. J'étais paniquée, je suis allée me cacher sur la terrasse. Une demi-heure plus tard, je suis sortie chercher de l'aide et je suis tombée sur un car de police.

On a tout là ? Non ? Il nous manque aussi un peu de politique, d'affaires sensibles. J'ai ! Car François Doublet était cuisinier de Georges Pompidou à l'Élysée, il a aussi travaillé pour la famille du prince de Broglie (assassiné en décembre 1976). De plus, on découvre qu'un inspecteur des RG était en planque devant le restaurant, le soir du meurtre ! En fait, le « collègue » mettra du temps à reconnaître qu'il attendait la petite serveuse ! Mais en voulant préserver son ménage, ce c... aurait pu nous faire imaginer une affaire d'État. Dieu merci, tout le monde sait que la Crim' n'a aucune imagination !

Encore une fois, « science sans conscience n'est que ruine de l'âme », il faut impérativement se replacer dans l'histoire, dans ce que représente le travail de la Crim', l'enchaînement des affaires qu'elle traite. On doit solutionner simultanément durant cette période : un attentat contre le journaliste-écrivain, futur académicien, Jean Dutourd, le meurtre d'une vieille dame dans le 18e, l'assassinat d'un chauffeur de taxi, l'homicide d'un Antillais dans le 2e, un petit vieux mort vers Montmartre et un cadavre inconnu sous le pont de Courbevoie. Mais le meurtre de François Doublet et la personnalité de sa femme, Larissa, m'intriguent. Elle semble abattue, prostrée, mais digne. Peut-être il y a t-il un peu de ce fatalisme russe dont on m'a souvent parlé ? On a tout fait dans les règles : les constatations se sont prolongées sur deux jours. Nous avons été bêtement interrompus par un autre meurtre ! Mais rien n'a été laissé au hasard, on a travaillé avec la rigueur habituelle. Pourtant, on n'a rien, ni mobile, ni piste, ni suspect. Juste des impasses, des interrogations sur la veuve : Larissa nous a-t-elle tout dit ? Ottavioli regarde l'affaire le lundi, il décide de placer la jolie blonde en garde à vue. Je me retrouve dans le bureau du patron, elle est sous le feu de nos questions durant toute la nuit. « Otta » lui demande quelque chose, je me rends compte avec retard qu'il pose la bonne question et je ne réagis pas, alors qu'elle se trouble. C'est sans doute le tournant de l'affaire, mais je suis crevé, exténué et je n'ai pas percuté. Et aujourd'hui, j'ai oublié cette question : acte manqué ? Le patron est persuadé que c'est elle, je suis plus dubitatif, je ne sais pas si elle a commandé le crime, n'a rien à y voir ou y a assisté, mais elle ne veut pas parler !

Elle fera plusieurs mois de prison, puis sera relâchée et blanchie. 34 ans après, en 2012, je ne sais toujours pas par qui, comment et pourquoi a été tué François Doublet.

Tous les cas de figures sont possibles lorsqu'on dirige une enquête, je dis bien tous. Mais les circonstances historiques sont rares, exceptionnelles.

Comment imaginer le dépit de Georges Massu en 1944 lorsqu'il se retrouve privé de la traque finale du plus grand assassin de l'Histoire, le docteur Petiot ? C'est Massu, modèle *bis* de Maigret, qui est emprisonné, victime d'une épuration discutable dans son cas, alors que la PJ est aux trousses du Docteur Satan.

Comme tout le monde, enfin tout ceux qui possèdent un cerveau en état de marche, je me suis toujours demandé quelle aurait été mon attitude durant l'Occupation. J'ai en plus un petit handicap au moment d'aborder cette question : je suis flic ! Quel flic aurais-je été ? D'ailleurs, lorsqu'un feu de cheminée permet en mars 1944 de découvrir cette horrible usine de mort conçue par le docteur Petiot, Massu, patron de la Crim', est persuadé d'avoir affaire à une annexe de la Gestapo ! Et son attitude est prudente ; il n'a aucune idée de ce que représentent les morceaux de cadavres qui sont dans le sous-sol de l'hôtel particulier de la rue Le Sueur. Géographiquement, l'immeuble est à deux pas de la rue Lauriston, siège de la Gestapo française.

Quelle époque ! Comment aurais-je réagi à la Crim' en voyant les voyous d'hier devenir les maîtres d'alors ? En croisant un Henri Chamberlin, alias « Lafont », en uniforme de la SS, moi qui aurait pu le voir au mess de la PP où il était serveur ? Ou en serrant les poings devant cet ex-flic révoqué avant guerre, ce salaud, qu'était l'inspecteur Bonny ? Il est facile de trancher aujourd'hui, de ne pas tenir compte du poids de l'Histoire, d'une France coupée en deux bien avant la guerre entre les pacifistes et les admirateurs du fascisme. J'ai toujours été frappé par la phrase de Jacques Delarue, flic, historien et surtout témoin de cette époque : « On ne nous avait pas appris à désobéir ! »

Apprenti commissaire à Saint-Cyr-au-Mont-d'Or, j'ai reçu une leçon que je ne suis pas près d'oublier. Lors de notre premier cours, le commissaire divisionnaire Montreuil, co-auteur de la bible procédurale le *Parra-Montreuil* (équivalent du *Malet et Isaac* en histoire), nous assène :

— Vous allez être officiers de police judiciaire. Si vous n'aviez qu'une chose à retenir de votre année ici, ce serait ceci.

Il se retourne, avec sa petite moustache, sa mèche qu'il chasse sans cesse, son élocution précipitée et précise, puis trace un cercle parfait, d'un trait sur le tableau noir :

— Messieurs, ceci est le cercle de la légalité ! Vous devez toujours avoir les deux pieds dedans.

Il fait une pause, savoure son effet et, avec un petit sourire, conclut :

— Ex-cep-tio-nelle-ment ! Je dis bien exceptionnellement, vous pouvez mettre un pied dehors !

Pour ce professeur, l'exception était la raison d'État ou le danger de mort, pas d'autres alternatives. Paul Léautaud disait que « le rôle des jeunes est de tirer les pieds des vieux cons durant leur sommeil ». Je ne vous ai jamais tiré les pieds, professeur Montreuil, bien au contraire, votre leçon a guidé ma carrière.

On en était à Massu, non ? Juste un mot pour terminer : Massu a fini aigri, hélas, et il y avait de quoi. On l'a accusé d'avoir arrêté des patriotes, d'avoir déjeuné avec le SS Muller, officier de liaison entre le 36 et l'occupant. Je crois plus simplement que le commissaire Massu a jugé qu'il n'y avait pas d'armistice avec les tueurs, les voyous, les assassins. Qu'il servait le Code pénal, voilà tout. Attitude facile ? Facile à juger, sans doute, surtout lorsqu'on sait que le principal accusateur de Massu est l'un de ses subordonnés assuré d'une carrière médiocre jusqu'aux beaux jours de la Libération.

Massu est cassé, puis réhabilité. Il est surtout brisé et prend sa retraite. La télévision viendra le chercher, pour son plus grand bonheur en le présentant comme le modèle de Maigret. Massu aurait-il dû réagir comme le patron de la Crim' de novembre 1940, le commissaire André Roches qui a viré sans ménagement la Gestapo d'une scène de crime, se retrouvant dès le lendemain débarqué de son poste et confiné dans un commissariat de quartier ? En 1940, le geste est courageux, mais plus facile. Les Allemands de 1944 auraient sans doute déporté André Roches*, au mieux !

Dix-neuf ans après, quand je « monte » à Paris pour devenir flic, on me charrie :

— Tu vas faire un métier de pourri et de fainéant !

Manifestement, le souvenir de certains policiers de l'occupation n'était pas totalement évacué !

Des anciens de l'Occup', je vais en croiser, dès le début. Mon premier équipier par exemple. Personne ne veut bosser avec lui, donc on le refile au petit nouveau avec, comme explication officielle :

— Il a un caractère de merde !

En fait, il est passé à travers des mailles d'une commission d'épuration et tous sont persuadés qu'il a été collabo ! Je ne sais qu'une chose, c'est qu'il m'a dégrossi et que c'était un sacré flic.

Évidemment, dans le rayon des affaires que l'on aurait aimé ne pas connaître, on en trouve forcément certaines où un collègue est au tapis. Le désir de vengeance est humain, et un flic de la Crim' est un homme comme les autres. Le corps

* Il sera directeur du 36 de 1952 à 1955.

qui gît par terre est celui d'un copain, il fera l'objet d'une notice nécrologique, un discours du préfet, mais nous on connaissait sa voix, son rire, ses manies, sa famille aussi. Alors vous imaginez notre écœurement quand nous tenons ses assassins et que nous ne pouvons pas les arrêter ? Je vais encore parler, mais personne ne m'en empêchera, de la mort de Jacques Capela, tombé parce que des cowboys de l'ambassade d'Irak, protégés par leur statut de diplomates bidons ont voulu abattre un preneur d'otage déjà pris en main par la police française. Il a fallu raccompagner ces messieurs à l'avion, leur dire poliment au revoir... On a demandé à l'Antigang de s'en charger. Mais Leclerc et Broussard ont dit « merde » et c'est le GIGN qui a emmené les tueurs se faire voir en toute impunité à Bagdad. On est au-delà de l'amertume quand, quelques mois plus tard, à la télévision, Raymond Barre serre la main d'un de ces salopards. J'ose espérer que le Premier ministre ne savait pas auprès de qui il posait pour la photo !

Le coupable qui vous échappe est toujours une source d'amertume, que ce soit quand il s'évade, quand il est en cavale ou quand il meurt. Alors vous imaginez l'état d'esprit des hommes de la Crim' quand Richard Durn s'est jeté d'un vasistas dans la cour du 36 ?

En pleine garde à vue, l'auteur de la pire tuerie de masse de l'histoire du crime en France échappe à la vigilance des policiers et se suicide. Le 27 mars 2002, Durn entre dans la légende, comme il l'avait souhaité. Il assiste au Conseil municipal de Nanterre. À la fin, l'un des adjoints clôt la réunion :

— Bon, et bien je crois que c'est fini.

Durn se lève alors, sort deux pistolets et crie :

— Non, ce n'est pas fini !

Il va tirer sur toutes les personnes présentes. Bilan : huit morts et dix-neuf blessés. Ainsi la France découvrait-elle un tueur de masse (*mass-murder*) que l'on croyait exclusivement réservé au « marché américain », ce type de criminel qui abat toutes les personnes qui ont le malheur d'être devant lui. L'horreur absolue, le geste insensé d'un homme en colère.

Arrêté, Durn est emmené au 36. La Crim' est saisie de l'enquête. Son patron est alors Frédéric Péchenard, futur directeur de la Police nationale. Pour la première fois dans l'histoire de la brigade, le patron accompagne lui-même les policiers qui escortent Richard Durn jusqu'aux cellules du dépôt. Je ne crois pas que je l'aurais fait à sa place, je pense que je n'aurais pas eu ce réflexe. J'ai travaillé avec Frédéric Péchenard, il m'avait demandé à être muté à la Crim' lorsque j'étais directeur adjoint du 36. Je connais sa passion pour ce métier. Cette nuit-là, il donne des consignes claires aux gardiens, de vigilance. Il pressent que Durn ne veut plus vivre, qu'il a prévu sa sortie et il ne l'accepte pas. Mais il y a la fatigue, la tension, l'air saturé du petit bureau où il est de nouveau interrogé. Durn s'élance, passe par le petit vélux ouvert et saute. Un des flics tente de le retenir par le pantalon, en vain. Il n'oubliera jamais que dans sa chute, Durn n'a pas poussé le moindre cri !

Frédéric Péchenard va prendre ses responsabilités, assumer son statut de patron. Il couvre ses hommes, menace de démissionner si une seule sanction est prononcée. Dans les couloirs de certaines rédactions de journaux, on émet déjà des doutes.

— Les flics l'ont poussé, c'est tout !

Les journalistes spécialisés dans les affaires de police rétablissent la vérité, ils connaissent trop bien la Criminelle pour savoir qu'un tel meurtre, car ça en serait un, est impossible. Je parle encore d'amertume pour les hommes qui ont travaillé cette nuit-là : celle de ne pas avoir pu déférer Richard Durn à la justice, d'avoir « trahi » les victimes et leurs familles. C'est en tout cas le sentiment qui est le leur, j'en suis persuadé, j'ai été l'un d'entre eux !

Dans la même veine, j'ai vu Charles Pasqua, ministre de l'Intérieur, s'effondrer au cours de l'affaire Rey-Maupin. Cette cavale meurtrière qui fut aussi une première. Le 4 octobre 1994 un couple de jeunes gens qui se transforme en tueurs à la chaîne, abattant tout être humain qui croise sa route. Pourquoi ? Par colère, par désespoir, par désir de tuer du flic, parce que Florence Rey et Audry Maupin avaient déclaré la guerre à la société? Maupin est mort de ses blessures et Florence Rey n'a jamais rien dit à la Crim'. Ce soir-là, le temps est maussade, je suis dans le bureau du préfet de police Philippe Massoni, avec Pierre Ottavi (directeur de la sécurité publique). On a suivi toute la poursuite infernale, Charles Pasqua s'affale dans un fauteuil, il est blanc comme un linge. Sa voix tremble :

— Philippe, dit-il, la mort d'un flic c'est terrible. Trois, c'est insupportable !

Il est au bord des larmes ! Fils de policier, il ressent cette affreuse blessure jusque dans sa chair.

Pour ma part, j'aurais eu mon compte d'histoires, de drames et de cas de conscience. J'ai commencé ma carrière en pleine vague d'attentats de l'OAS ; la Crim' sera d'ailleurs saisie de la plupart d'entre eux. Je n'ose pas penser aux tempêtes qui pouvaient agiter les crânes des hommes du 36, notamment de ceux d'origine pied-noir et dont la fibre Algérie française était forte, dans leurs gènes, dans leur sang. En d'autres circonstances, peut-être auraient-ils été dans le camp d'en face. Qui sait ? Ce fut en tout cas mon premier contact avec le terrorisme, et pas le dernier !

Chapitre X

Le terrorisme, l'arme des lâches !

Le 2 mai 1963 est le premier jour de ma vie de flic, je suis affecté à la 4e Brigade territoriale, celle qui couvre notamment Pigalle. Ma convocation aurait dû porter l'adresse de la rue de Nantes, mais je me présente Porte de la Villette. Le commissariat de la rue de Nantes a été détruit par un attentat à la bombe. L'OAS a encore frappé, ma carrière démarre sous le signe du terrorisme. Ce genre d'épisode crée toujours une ambiance lourde dans les rues d'une ville, d'un pays. Les gens ont peur, vivent dans l'angoisse et finissent par s'épier les uns les autres. Je retrouverai ce climat pesant des années plus tard, en 1995.

La Criminelle s'occupe des terroristes depuis le début de sa création. Avant guerre, il a y eu des attentats commis par les Russes blancs, les organisations d'extrême-droite comme la Cagoule. Au début de la guerre d'Algérie, une lutte fratricide sans merci, oppose le FLN au MNA* ; les deux mouvements indépendantistes algériens règlent leurs comptes en France, particulièrement à Paris, les assassinats et les attentats se multiplient. C'est non seulement le pouvoir politique, la place de chef de la rébellion, qui est en jeu, mais aussi le contrôle de l'argent, l'impôt révolutionnaire. La Crim', qui prendra la suite des FPA (Forces de police auxiliaire, « les harkis policiers »), porte des coups terribles aux tueurs du FLN. La brigade va se retrouver prise entre deux feux lorsqu'elle luttera contre l'OAS. Le pouvoir politique a jugé utile de s'adjoindre les services d'agents très spéciaux, « les Barbouzes » appartenant à des officines parallèles comme le SAC (Service d'action civique). J'en ai rencontrés lors de mon passage à la Mondaine. Ils sortaient systématiquement leur carte quand on faisaient des descentes dans les boîtes de nuit. Je me demandais même s'il n'y avait pas un trafic de fausses cartes du SAC ! Ces gens-là n'hésitaient pas à multiplier les provocations et les coups d'éclat, comme lorsqu'ils garèrent une camionnette à proximité du 36 avec le Colonel Argoud, l'un des chefs de l'OAS, ficelé à l'intérieur ! J'imagine la tête de Maurice Bouvier, le patron de la Crim' devant ce colis !

L'OAS est démantelée, la Crim', les RG, le SDECE (l'ancêtre de la DGSE) et la DST ont fait

* Front de libération nationale et Mouvement national algérien.

leur travail. Le fracas des engins explosifs cesse, la terreur quitte le territoire, on peut passer à autre chose. Belles années 1960, bercées par le twist, les yéyés et quelques petites affaires criminelles tout de même. Comme ce Claude Buffet qui agressait les femmes seules au volant d'un faux taxi. Un jour, le 18 juillet 1967, il tue Françoise Besimenski « pour voir ce que ça fait ». Buffet sera avec Bontemps le « héros » de la mutinerie de la prison de Clairvaux, l'un et l'autre seront condamnés à mort et exécutés à l'issue d'un célèbre procès. On parle à l'époque des blousons noirs et des blousons dorés, on se passionne pour l'art du scoubidou, c'est la France prospère des cartes postales, celle des Trente Glorieuses : plein emploi, essence pas chère et le duo Bourvil-De Funès pour s'amuser. Je ne sais pas si c'est l'une des conséquences de ces années bonheur, mais la Préfecture de police a du mal à recruter des inspecteurs. Ce qui a fait mon affaire, n'ayant pas eu de concours à passer, juste un contrat à signer pour avoir ma médaille et mon pétard! La médaille ? Déjà engagé, déjà décoré ? Mais non, en plus de la carte de police, on avait une médaille pendue à une chaînette avec cette inscription : « RF- Police ». Les vieux inspecteurs la tiraient de la poche du gilet de leurs « trois pièces » en lançant « Police judiciaire, papiers s'il vous plaît » !

Mais les années 1960 s'achèvent avec les barricades de mai 68. Un nouveau vocabulaire surgit : maoïstes, trotskos, autonomistes, gauchistes, katangais... Des idées, on passe aux actes, de plus en plus violents, de plus en plus extrêmes : petits attentats ciblés, dégradations... Les revendications sont diverses, pour la Bretagne libre, pour les travailleurs, contre le capital, la police, la vie, pour l'amour libre, etc. Je ne caricature pas. On pouvait être d'accord avec certaines revendications, trouver légitime que la jeunesse (je n'avais que trente ans) secoue le cocotier, sans adhérer à la destruction d'un monde, fût-il vieux. À la Crim', ces événements ont eu des répercussions. Un groupe est affecté à la lutte contre le terrorisme politique naissant. Comme les policiers ont beaucoup d'humour, il est surnommé « le groupe des gauchos ».

Je me souviens de leur bureau et de la personnalité du chef de cette équipe : Dubout, comme le dessinateur. Un passionné d'armes et d'explosifs qui nous faisait peur. Il avait dans son bureau une armoire vitrée et diabolique ; on se serait cru dans un arsenal. Le problème est que ce « farceur » a laissé planer le doute sur la dangerosité des grenades, flacons de TNT et autres joujoux qu'il collectionnait. Le reste du 36 se demandait avec angoisse si Dubout n'allait pas un jour nous faire péter la maison poulaga !

Au-delà de l'aspect fantasque du bonhomme, son travail en liaison avec les RG a été l'embryon des futurs groupes antiterroristes de la Criminelle. Saisies d'arsenaux plus ou moins dangereux, enquêtes sur des attentats contre des cibles diverses, dossiers montés sur les activités des uns ou des autres.

Le travail ne manque pas, certains pressentent l'arrivée d'actions politiques radicales, mortelles. À Paris, les terroristes se croisent, agissent. Une bombinette dans la capitale fait plus de bruit qu'un gros boum à Clermont-Ferrand ! Quelques figures croisent la route du groupe des « gauchos », comme Pierre Goldman, activiste, braqueur, condamné puis innocenté d'un double meurtre. Son assassinat et ses obsèques en 1979 feront écrire à un journaliste : « C'est mai 68 qu'on enterre ! » Les spécialistes du terrorisme à la Crim' font rapidement le tri entre deux types d'action : celles venues de l'intérieur, commises par des groupes politisés et visant des bâtiments symboliques et des personnalités, et celles commises depuis l'extérieur par cette internationale terroriste qui prend Paris pour cible. C'est celle-ci qui acquiert de plus en plus d'importance au cours des années 1970.

C'est la grande différence, fondamentale, avec nos voisins Italiens et Allemands : les Brigades rouges, la Bande à Baader sont des ennemis de l'intérieur. Les nôtres viendront plus tard, au début des années 1980.

Et c'est en toute logique que la Crim' va se trouver en première ligne, notamment après la tuerie des JO de Munich, en 1972. Après la mort de ses athlètes, Israël décide de se venger. Un commando est formé, il a pour mission d'éliminer sans autre forme de procès les responsables palestiniens de l'opération de Munich. Au terrorisme de l'OLP (Organisation de libération de la Palestine), Israël répond par la force et il s'agit là d'actions hors la loi. L'opération « Colère de Dieu » commence à Paris par le meurtre d'Hamchari Mahmoud, représentant de l'OLP en France, en 1973. Le commando du Mossad (Services secrets israéliens) a piégé son téléphone, l'explosion tue le Palestinien et dévaste son appartement. La Crim' va vite comprendre que l'organisation de cet attentat, sa logistique, est d'un autre calibre que les actions « habituelles ». L'enquête n'aboutira pas, les hommes du 36 le savent.

Un nom surgit dès l'année suivante : Illich Ramirez Sanchez, dit « Carlos ». De 1974 jusqu'à son arrestation, en 1994, à Khartoum, au Soudan, il signe les actions les plus marquantes : attentat à la bombe au Drugstore Saint-Germain, mitraillage de l'aéroport d'Orly, fusillade avec la DST au cours de laquelle deux inspecteurs sont tués… Entre lui, Abou Nidal, l'OLP et l'ASALA (Armée arménienne de Libération), la Crim' a du boulot et du pain sur la planche ! Souvent l'arrestation et le démantèlement des cellules ne sera pas le fait de la brigade. Mais la procédure, l'enquête criminelle, permettent une action judiciaire sans faille, et le travail de la Crim' profite à tous.

En ces années-là, nous sommes sur tous les fronts, puisque certains habitués du grand banditisme frayent avec les terroristes, comme le Marseillais Charlie Bauer. D'autres, on l'a vu dans les affaires d'enlèvements, tentent de nous égarer en agitant des revendications bidons de groupes sortis de leur seule imagination.

En 1978, une véritable Section antiterroristes est crée à la Crim' : trois groupes vont composer la SAT, dont les membres se surnomment les « Anti-Tout ». La lutte contre les activistes, les poseurs de bombes et autres adeptes de l'assassinat ciblé, a un nouveau visage au 36. Le pouvoir politique a pris la mesure des menaces terroristes et veut un outil efficace pour les combattre. Un an après la création de la SAT, une entité issue des GARI Toulousains (Groupes d'actions révolutionnaires internationaux) et des NAPAP (Noyaux armés pour l'autonomie populaire), prend un nouveau nom : Action directe. Ses membres ne sont pas des inconnus pour la police. Notamment Jean-Marc Rouillan, arrêté en 1978 à Toulouse par le commissaire Jacques Genthial, futur patron de la Crim'. Les années Action directe vont commencer.

Une petite respiration, si j'ose dire, avant de poursuivre. Car il n'y a pas eu que le terrorisme pour commencer les années 1980. La Crim' a eu à traiter l'affaire la plus étrange de son histoire, celle d'Issey Sagawa, le Japonais cannibale.

En juin 1981, des promeneurs du bois de Boulogne aperçoivent un petit bonhomme qui tente de jeter deux valises dans le lac. Celui-ci s'enfuit en abandonnant les bagages derrière lui. Mais l'une des valises s'est entrouverte laissant apparaître un pied humain ! La Crim' remonte le fil jusqu'au taxi qui a transporté ce colis macabre. Issey Sagawa, un étudiant Japonais de 32 ans est arrêté le lendemain. Il avoue avoir tué une de ses camarades, une grande et jolie néerlandaise, Renée Hartevelt, parce qu'elle se refusait à lui. Il a même enregistré le meurtre sur son magnétophone et l'a filmé avec son caméscope. Lors de la perquisition, les policiers découvrent des restes humains dans le réfrigérateur. Sagawa affirme qu'il a découpé le corps de sa victime et cuisiné un morceau de cuisse avec des petits pois :

— Depuis l'âge de 7 ans je veux manger une petite fille !

Le Japonais cannibale écœure les flics de la Crim'. Le chef adjoint Olivier Foll affirmera : « Il y a des affaires que l'on souhaiterait n'avoir jamais vécues, confessera Olivier Foll, le n°2 de la Brigade criminelle. »

On a beau être supérieurement intelligent et très cultivé comme Sagawa, cela n'empêchera pas celui-ci de déclarer, sans ciller, aux policiers médusés : « Si j'avais eu un congélateur, vous ne m'auriez jamais attrapé ! »

Reconnu irresponsable, Sagawa sera interné puis renvoyé au Japon où sa puissante famille le fera libérer. Il deviendra célèbre, tournera quelques films (dont un porno) et bâtira sa carrière sur son hideuse histoire de cannibalisme. Je n'ai pas vécu personnellement cette affaire, les policiers qui ont traité ce cas hors du commun en gardent un sentiment de malaise et de dégoût. On les comprend...

Mais revenons au début de mes années-terro. Je n'ai aucune idée de ce que veut ou représente Action directe. Je ne sais rien de ses membres, je les ai seulement vus à la Crim' pour des délits mineurs ou entendus comme témoins. Plusieurs scènes me reviennent, comme au lendemain de l'attentat de la rue des Rosiers. Le 10 août 1982, chez Jo Goldenberg, le chef d'Action directe est amené à la Crim'. Cette période me marquera, je suis alors chef de la brigade par intérim et je vais vivre un été de folie ! Cet interrogatoire est presque de la routine, semblable à ce qu'on voit dans certains films : « Convoquez-moi les suspects habituels ». Rouillan m'apparaît usé, fatigué, il reconnaît que le mouvement lui échappe, que les autres le surnomment « pépé ». Depuis le matin, mon bureau est en état de siège, moi qui rêvais de m'installer dans le fauteuil de Maigret, je suis servi. Rouillan, je m'en occupe, mais je ne crois pas à l'implication d'Action directe dans le massacre du restaurant de Jo Goldenberg. Soudain des clameurs se font entendre, une femme hurle dans le couloir. Nathalie Ménigon vient d'arriver et elle réclame son compagnon :

— On vous connaît, fascistes !

— Calmez-vous, il est juste là pour une vérification.

— Vous allez lui faire le coup de Mesrine !

Ménigon enjambe alors la balustrade qui surplombe la mezzanine du 36, l'inspecteur Courtinat la rattrape *in extremis* alors qu'elle allait se jeter dans le vide. Depuis ce jour-là, un filet antisuicide a été installé. Je n'ose pas imaginer ce qui aurait été écrit si Ménigon s'était tuée dans les locaux du Quai des Orfèvres !

Je croiserai encore la route d'Action directe

quand je serai à l'Antigang. C'est surtout à ce moment-là que je découvrirai leur pedigree. J'apprendrai comment ils ont commis des braquages dès 1979, comment ils ont commis leur premier attentat (mitraillage d'un ministère), comment ils ont été interpellés dans une vaste opération contre les réseaux français liés aux Brigades rouges et à la Fraction armée rouge, après avoir été dénoncés par un informateur, et enfin comment, ce jour-là, Ménigon a, sans hésitation, tiré en pleine rue sur les flics de la DCRG commandée par mon collègue Jean-Pierre Pochon. En 1981, les membres d'AD seront amnistiés par le gouvernement socialiste qui vient d'arriver au pouvoir et ne peut imaginer que des gens se réclamant de la gauche poursuivent leurs activités criminelles contre lui. Je comprendrai que Rouillan lors de son audition m'a mené en bateau en m'affirmant qu'il n'y a pas de jeunes loups désireux de reprendre la lutte dans son organisation. Pourtant Ménigon et Rouillan décident de retourner à l'ultra-violence. À peine amnistiés, ils assassinent celui qui les a donnés à la police, le sculpteur Gabriel Chahine. C'est un flic de l'Élysée qui aura donné son nom !

Les courriers de revendications se succèdent, le signe de l'étoile à cinq branches sur fond noir nous devient familier. De 1979 à 1987, Action directe revendique quatre-vingts attentats et assassinats. Sous leurs balles vont tomber deux policiers, le général Audran et Georges Besse, P-DG de Renault... Ils ratent le juge Jean-Louis Bruguière, le patron de la section antiterroriste et le vice-président du CNPF, l'ancêtre du MEDEF.

C'est à un ancien de la Crim' que va revenir l'arrestation, quelques années plus tard, en février 1987 des membres d'Action directe, Ange Mancini, créateur du RAID. Et c'est à la tête de cette unité d'élite de la police nationale fraîchement créée qu'il va diriger l'arrestation des criminels les plus recherchés de France… avec les deux clavicules cassées suite à un accident de ski !

Rouillan, Ménigon, Aubron et Cipriani sont capturés sans dommages, dans une ferme de Vitry-aux-Loges. Schleicher, qui m'avait clamé les yeux dans les yeux son pacifisme et son refus de tuer, a été interpellé en Avignon après la filature homérique de la « mama » Helyette Bess*.

Mais revenons au mois d'août 1982. En écrivant ces mots, je ne peux retenir un juron : « P... oui, 1982 ! » J'en avais assez rêvé de ce jour-là, du moment où je serais calife à la place du calife. Non pas que je n'aimais pas mon patron, en l'occurrence Jacques Genthial, mais s'asseoir dans le fauteuil du patron de la Crim', c'est la cerise, que

* Cf. Chapitre VII.

dis-je le cerisier, sur le gâteau. Tandis que Jacques Genthial va prendre ses quartiers d'été en Espagne, je déménage, très provisoirement, dans son univers, pour devenir le Maigret de l'été 1982. Croyez-moi, je n'en étais pas peu fier même si cet été-là fut vraiment l'été de tous les dangers.

Le 9 août, je déjeune dans un restaurant de la rue Dauphine, à l'époque, sans téléphone portable, il fallait laisser à la permanence de la Crim' le numéro de téléphone de l'endroit où l'on se trouvait. On vient de vider un pastis rafraîchissant en ces temps de chaleur, lorsqu'on m'appelle.

— Monsieur Cancès ? Téléphone !

Je jette ma serviette sur la table et me lève en râlant ! Pas moyen de déjeuner en paix !

— Fusillade rue des Rosiers, Patron. On a deux morts.

— Qui est saisi ?

— Pas encore nous, on est juste en alerte.

Je me rassois, je dis rapidement à Poinas, commissaire et patron de la section Antiterrorisme ce qui se passe. On continue notre repas, et malgré tout intrigués par cette affaire. Si c'est un règlement de comptes, c'est pour la BRB*, sinon, c'est pour nous. Je hausse les épaules :

— On verra bien…

* Brigade de répression du bandistisme.

Quinze minutes plus tard, à nouveau le téléphone.

— Patron, il y a plus de morts et des blessés. On n'est toujours pas saisis mais...

— On arrive !

Je reviens vers la table, Jacques Poinas est déjà debout. On traverse le Pont-Neuf, presque en courant. À la fenêtre du 36, l'inspecteur Jutant fait des signes désespérés, je traduis : « c'est très grave, ça va chauffer ! »

Bagnole, sirène, gyrophare... trois minutes après nous sommes rue des Rosiers, face au carnage. On apprend que des hommes armés, à 13 h 10, ont mitraillé l'intérieur du restaurant, après avoir jeté une grenade dans la salle où était attablée une cinquantaine de personnes. Ils ont pris la fuite par la rue des Rosiers où ils ont continué de tirer en rafales sur les passants. Un vrai bain de sang. Quatre inspecteurs du commissariat Saint-Gervais, qui déjeunaient à proximité, entendant les coups de feu, ont accouru sur les lieux. L'inspecteur Douard, arrivé le premier, a eu le temps de voir deux hommes qui s'enfuyaient. Il a ouvert le feu avant d'être atteint par une décharge de fusil de chasse... tirée par le fils du propriétaire qui a trouvé refuge au premier étage du restaurant, après avoir échappé à la fusillade ; il a pris l'inspecteur Douard pour l'un des assassins. Le bilan est très lourd : outre les six morts, il y a vingt et un blessés. Les lieux, passés au crible, sont bouclés par les forces de police. C'est un manège étourdissant d'ambulances, de gyrophares, d'uniformes et de blouses blanches qui s'est abattu sur ce quartier du Marais. Le juge Jean-Louis Bruguière est chargé de l'instruction. Il n'est pas encore la « vedette » de la galerie Saint-Éloi qui abritera dans quelques années la section antiterroriste du parquet de Paris.

Dans la salle de restaurant dévastée, on trouve une cuillère de grenade. Elle nous permettra d'établir qu'un engin fabriqué dans les pays de l'Est, de type F1, a été utilisé. Soixante et onze cartouches de calibre 9 mm jonchent le sol. Et deux chargeurs de pistolet-mitrailleur vides nous permettent de constater que les armes automatiques, des WZ 63, avaient été fabriquées en Pologne.

Quatre jours plus tard, le 13 août, un employé découvre dans un buisson du Bois de Boulogne un sac contenant un pistolet-mitrailleur, trois chargeurs et vingt-neuf cartouches. Il s'avérera que c'était l'une des armes utilisées lors de l'attentat de la rue des Rosiers.

Au terme de la très minutieuse enquête de voisinage menée par le commissaire Jean-Claude Hildebrand, plus de six cents témoins seront l en ressort que deux hommes de type éen ou proche-oriental ont été vus, rue des Rosiers sans précipitation excessive, tirant avec beaucoup de sang-froid de courtes rafales sur les habitants de ce quartier où réside une importante communauté juive. Sur les lieux de l'attentat comme dans la rue, les tueurs ont fait preuve d'une grande détermination ; de vrais professionnels, aguerris et méthodiques. Durant tout le temps de la fusillade, une Peugeot 504 de couleur blanche est restée en stationnement devant le restaurant de Jo Goldenberg. Dès que les tueurs en sont sortis, elle a démarré avec à son bord deux autres individus. Tandis que les fuyards continuaient de tirer de chaque côté de la rue des Rosiers sur tous ceux qui avaient le malheur de croiser leur chemin, la voiture les précédait. Puis l'un des deux hommes a traversé la chaussée, et à rejoint son comparse du côté des numéros pairs ; la 504 a alors emprunté la rue des Hospitalières-Saint-Gervais où l'on a perdu sa trace. Celle des tueurs s'est dissipée rue des Lévites.

Comme lors de chaque attentat ou presque, celui-ci a été revendiqué. Compte tenu du nombre d'appels, nous n'avions que l'embarras du choix entre le Front populaire pour la libération de la Palestine, l'Organisation de la libération de la Palestine, Action directe ou le groupe Ramirez Sanchez, alias Carlos. Mais de toutes ces revendications, seules les deux premières ont retenu notre attention. D'abord, parce que les armes et les munitions utilisées présentaient des similitudes avec celles des crimes antisémites commis en Autriche et en Grande-Bretagne. À Vienne, un conseiller municipal, président d'une association juive, avait en effet été abattu d'une balle dans la tête quelque temps auparavant. Du 9 mm tiré par un pistolet mitrailleur Makarov de fabrication russe, comme dans la fusillade de la rue des Rosiers. L'auteur de cet homicide, arrêté à Salzbourg, appartenait au groupe Al Asifa dirigé par Sabri Al Banna, alias Abou Nidal, militant extrêmiste palestinien, l'un des hommes les plus recherchés au monde, qui se tirera une balle dans la bouche au moment de son arrestation.

En outre, l'attentat commis à Vienne contre une synagogue, le 29 août 1981, soit un an pratiquement avant celui de la rue des Rosiers – il avait fait deux morts et de nombreux blessés –, a été suivi de l'arrestation de deux individus qui avoueront appartenir au groupe Al Asifa d'Abou Nidal. Le *modus operandi*, les armes utilisées, la cuillère de la grenade retrouvée dans les débris, étaient les mêmes.

Grâce à tous ces indices, nous avons pu reconstituter le scenario de cet attentat sans précédent :

13 h 05 : un homme de type arabe de vingt-cinq à trente ans, de taille moyenne et vêtu d'un costume gris à fines rayures blanches, débouche de la rue Ferdinand-Duval. Il sort d'une sacoche portée en bandoulière des grenades qu'il jette à travers le restaurant de Jo Goldenberg. Après l'explosion, lui et un complice pénètrent dans la salle et tirent sur les clients et les serveurs au pistolet-mitrailleur. Ils prennent même le temps de recharger leurs armes.

Les assassins dévalent ensuite la rue, abattent une touriste américaine et criblent de balles un employé marocain de chez Goldenberg qui se trouvait à l'extérieur, profitant d'une pause. Selon les témoins, les meurtriers couraient tranquillement en tenant leur pistolet-mitrailleur au creux du bras, visant les passants le sourire aux lèvres.

Plusieurs dizaines de personnes sont blessées, les terroristes sont visiblement très entraînés. L'un d'eux, qui a perdu son chargeur, a eu le réflexe de s'arrêter et de revenir sur ses pas pour le récupérer. Les hommes s'enfuient, tirant de courtes rafales en l'air afin de dégager le terrain devant eux. Le commando est récupéré près du pont Louis-Philippe par deux voitures, dont une 504 blanche qui l'a suivi tout au long de son périple.

Dans son livre *Ce que je n'ai pas pu dire*, paru en 2009, Jean-Louis Bruguière tire un coup de chapeau à la Crim ' : « Les investigations remarquables de la Brigade criminelle ont rapidement permis, grâce aux enquêtes de voisinage et à l'audition de tous les témoins, de dresser quatre portraits-robots de tous les tueurs.(…) À l'époque, nous n'étions pas outillés comme aujourd'hui pour enquêter sur le terrorisme international. Je travaillais essentiellement avec la Brigade criminelle de la PJ parisienne, un très bon service, mais qui découvrait et apprenait en même temps que moi. Plus tard, j'ai pu m'appuyer sur un service de renseignements spécialisé de la DST, qui avait des liens avec la plupart des services spéciaux étrangers. Nous devions innover. Toutes ces investigations ont été menées grâce à la détermination d'acteurs résolus, en France ou en Europe. Nous avons construit une sorte d'Europe judiciaire avant l'heure en faisant en sorte que la coopération fonctionne malgré les législations différentes, ce qui n'était pas simple. Les commissions rogatoires internationales se succédaient souvent en temps réel et nous devions payer de nos personnes. Je me souviens que les policiers et moi-même prenions souvent les armes et les munitions saisies et nous les transportions à l'étranger en train ou en avion. »

Malheureusement, l'enquête ne permettra pas d'identifier formellement les auteurs de l'attentat de la rue des Rosiers. Cependant, elle établira qu'ils appartenaient bien au groupe Abou Nidal, et mettra en évidence les liens avec d'autres attentats commis en Europe.

Lors de cet événement tragique, comme dans le cadre d'autres interventions, j'ai été impressionné par le comportement des sapeurs-pompiers de Paris. Impressionné par leur rapidité d'intervention, impressionné par leur efficacité, leur compétence. Je me souviens de ce colonel qui, lorsque j'arrive sur les lieux, me dit :

– Voilà monsieur le commissaire, vous avez dans la cour les corps de six personnes décédées…

Et il avait déjà la liste des noms, chacune des victimes avait été identifiée. Il avait également été en mesure de m'indiquer l'identité de tous les blessés acheminés vers les hôpitaux. Du travail très efficace, effectué dans des conditions difficiles.

Le lendemain, comme on l'a vu, Nathalie Ménigon nous met le « bouzin » au 36. Est-ce pour se venger ou fêter ça ? Toujours est-il qu'Action directe revendique deux attentats commis la veille de la fusillade de la rue des Rosiers et en commet deux autres les 11 et 19 août.

Toutes les nuits ou presque, ça pète ! Le FLNC s'est mis de la partie et nous a offert une petite nuit bleue le 19 août. Les Bretons entrent à leur tour dans la danse, puis les FARL (Forces armées révolutionnaires libanaises) ! Je suis obligé de demander du renfort dans d'autres services en cette période estivale. Un jeune inspecteur me dresse des tableaux de synthèse et met en ordre nos pensées et nos actes. Il se nomme Charles Diaz et je ne pouvais imaginer alors qu'il me pousserait à écrire presque trente ans plus tard.

L'histoire a surtout retenu de cet été dramatique l'attentat de la rue des Rosiers, mais je n'oublierai jamais le 21 août, au 50 rue de la Bourdonnais.

Il est midi et demi lorsque Grant Roberick démarre sa voiture, une Peugeot 504. Quelques instants plus tard, l'attaché militaire de l'ambassade, monsieur Nowack, aperçoit un paquet suspect à l'emplacement laissé libre par la voiture. Les services de police-secours sont alertés, le laboratoire central arrive ; un périmètre de sécurité est établi. Un artificier du labo, Bernard Le Dreau, se penche sur le paquet. Il l'examine sous tous les angles. Puis, une pince à la main, il se tourne vers l'ingénieur qui l'accompagne. Il a un sourire aux lèvres – le sourire du technicien qui a trouvé la faille – et s'apprête à couper le fil. Au moment où les mâchoires de sa tenaille entament le métal, une explosion retentit. Une déflagration terrible, qui souffle les vitres du bâtiment et des immeubles voisins. Des voitures en stationnement sont pulvérisées. Lorsque j'arrive sur place, Le Dreau est mort, mais l'ingénieur Bernard Mauron, lui, est encore en vie. Et nous sommes là, arrivés très vite, impuissants. Encore le chaos, encore la haine, une fois de plus des gens tués au nom de causes qui ne les concernent pas. On était dans une sorte de routine terroriste épouvantable.

Un mort c'est un mort. Mais pas celui-là ; il n'a plus de jambes, plus de bras, il est défiguré. Je n'oublierai jamais cette bouche horrible qui cherche à aspirer l'air, goulument, s'accrochant à la vie malgré la souffrance. On lui a passé un masque à oxygène. Ce jour-là j'ai prié pour que cet homme meure au plus vite. Il a lutté pendant plus de quatre jours.

Suite à ce drame, le labo a été doté d'un petit canon-robot permettant de détruire les explosifs sans mettre en péril la vie des hommes. Cette fois encore, on comptera plusieurs revendications. Celle des FARL (Forces armées révolutionnaires libanaises), adressée à l'agence Reuters, nous semblera la plus crédible. Mais les assassins de Bernard Le Dreau et Bernard Mauron ne seront jamais identifiés. Jamais jugés. Jamais condamnés. Avec Claude Calisti, ingénieur en chef du laboratoire, avec qui j'ai souvent travaillé et qui deviendra un ami, nous évoquerons souvent le sort de ces deux hommes que tous les flics de la

Crim' connaissent. Même après avoir quitté la police.

Le mois d'août est meurtrier, ce n'est malheureusement pas le titre d'un polar, juste mon quotidien pendant le mois, l'unique mois où je vais être patron de la Crim'. Le 29 août, je vois la fin du tunnel, Jacques Genthial reprend son fauteuil le 1er septembre. Je rentre chez moi, journée finie, il est 1 heure du matin, j'écoute la radio dans ma voiture, ma Renault 18 de service. *« Flash spécial : L'Élysée nous informe qu'une importante arrestation dans les milieux terroristes a été opérée. »*

J'hésite à faire demi-tour, je n'ai aucune idée de ce qu'est cette « importante arrestation ». J'en ai marre, qu'est-ce qui va encore me tomber dessus ? Finalement, je passe un coup de téléphone depuis chez moi à l'état-major du Quai des Orfèvres

— Allo, c'est Cancès, je viens d'écouter la radio...

— Ah, patron, vous aussi ? Broussard vient d'appeler ! Nous on est dans le brouillard, au courant de rien !

L'Affaire des Irlandais de Vincennes venait de commencer. Un fameux épisode de la guerre des polices...

Qu'on ne me parle plus du mois d'août !

Chapitre XI
La guerre des polices

Oui, le brouillard. Personne au 36 ne sait ce qui se trame. L'état-major n'a rien à m'apprendre de nouveau. Tout au plus un télégramme de la gendarmerie a-t-il informé les autres services qu'une opération était en cours à Vincennes. Mais comme il n'y a pas plus de détails, on n'est pas bien avancé.

Et puis il faut bien le dire, on a autre chose à faire ! La Crim' est à bloc, tourne en surrégime depuis un mois, alors franchement, affaire du siècle ou pas, nous avons déjà assez de boulot. Je pars donc manger un couscous rue Saint-André-des-Arts avec Roger Gallois et Jacques Laffitte, deux anciens pensionnaires du 36. On plaisante sur le chemin et j'ai une envie de petit rosé qui me tenaille depuis ce matin. On a sauté un certain nombre de repas ce mois-ci, j'en ai marre du régime sandwichs-canettes !

Mais je n'ai même pas le temps de m'asseoir, qu'on pousse la porte. Je sens que je vais me passer de rosé de Provence… Le téléphone, encore et toujours le téléphone.

— Vous êtes où Monsieur Cancès ?

Ni bonjour, ni rien. Ça commence bien ! Heureusement j'ai de l'oreille et la voix de mon interlocuteur me dit quelque chose. Il s'agit d'un permanencier du ministère de l'Intérieur.

— J'ai un ordre strictement confidentiel à vous transmettre, me dit-il. Vous êtes convoqué à une réunion top secrète chez le secrétaire d'État à la Sécurité, Joseph Franceschi. Instruction du ministre : silence radio le plus total.

— Et bien vous direz au ministre que j'ai une hiérarchie et qu'une personne sera informée, c'est mon directeur André Solleres.

— Pas de problème, il est également convoqué.

Je sens un peu de soulagement dans sa voix, il devait se demander comment manier le « testard » que je suis. Je raccroche sans un mot, j'ai tout compris, c'est « l'importante arrestation dans les milieux terroristes » qui nous tombe dessus. Pour l'heure, j'ai faim, et je vais manger mon couscous !

Je retourne au 36. J'aimerais bien avoir quelques informations avant cette réunion top secrète ! Téléphone : Robert Broussard.

— Claude, c'est Robert.

Broussard a quitté la direction de l'Antigang pour rejoindre le cabinet de Joseph Franceschi.

— Je t'appelle pour la réunion de cet après-midi, m'informe Robert Broussard. En fait cette affaire, je ne la sens pas ! Je t'en dirais plus, mais on va tout faire pour que la Crim' soit saisie.

Seize heures précises, place Beauvau. Tout le monde est là, autour de la table. Enfin presque. L'une des vedettes de cette affaire, le patron de la cellule antiterroriste de l'Élysée se fait attendre. Christian Prouteau rentre de son lieu de vacances en hélicoptère. Mais la présence de son adjoint, le capitaine Paul Barril du GIGN ne laisse aucun doute sur ceux qui ont mené l'affaire qui nous réunit. Il y a tout le gratin : le secrétaire d'État, le préfet de police, le directeur général de la gendarmerie, le patron de la DGSE, celui de la PJ nationale, le directeur de la DST et Frédéric Thiriez, conseiller technique au cabinet de Gaston Defferre, le ministre de l'Intérieur, Robert Broussard, un représentant de la chancellerie, le Directeur du 36, André Solleres (lui aussi intérimaire, la joie des vacances !) On bavarde durant une heure en attendant Christian Prouteau. Je songe que la cellule élyséenne a été mise en place le 10 août, on est le 29. Ils n'ont pas perdu de temps les cracks de la gendarmerie ! Enfin, le commandant Prouteau arrive. Il prend la parole :

— Nous avons eu une information sur un projet d'attentat à Paris et nous avons décidé d'intervenir rapidement. Nous savions qu'un individu venu de Hollande devait arriver le samedi 28 août pour participer à cet attentat. L'appartement dans lequel ont été arrêtés les terroristes était surveillé depuis quelque temps.

Nous l'écoutons religieusement, à cette époque le créateur du GIGN bénéficie d'une aura peu commune en France. Il est dommage que le personnage ait viré à l'aigre et se permette aujourd'hui de donner des leçons sur la conduite de certaines affaires, comme lors de l'assaut du Raid à Toulouse, en mars 2012.

— Depuis des années, le Groupe d'intervention de la gendarmerie nationale a des informations sur le terrorisme international. Notre intervention a été rapide et nous n'avons sciemment pas tenu au courant nos collègues de la police : il y allait du secret de l'information et nous voulions conserver l'affaire que nous suivions depuis le début.

Je noircis mon carnet de notes, comme un bon élève du maître en terrorisme. Prouteau entre dans les détails :

— Parmi les trois terroristes arrêtés figure le chef de la fraction dure de l'IRA, Michaël Plunkett, lequel a des liaisons avec l'OLP en

Suisse, en Autriche, en Allemagne et en Belgique. Ces Irlandais sont en France depuis quatre ans et ont commis de nombreux attentats en Europe. Avec tout ce qu'on a trouvé, il y a de quoi écrire un polar !

Puis le capitaine Barril prend le relais :

— De l'explosif de synthèse, des fausses cartes d'identité française, d'autres faux documents de diverses nationalités ont été découverts au cours de la perquisition, ainsi que des dossiers concernant des objectifs et de nombreuses photos. Il y est question de la station de métro Opéra. Les témoignages recueillis dans l'immeuble de la rue Diderot prouvent que quinze à vingt terroristes ont dû séjourner dans l'appartement. Ils ne recevaient aucun courrier sur place mais dans une poste restante.

C'est en effet une grosse affaire et c'est un Barril plein de certitudes qui poursuit :

— L'OLP envisageait de déclencher une vague d'attentats dans tous les pays qui n'ont pas soutenu l'OLP lors des derniers événements de Beyrouth. Les Irlandais étaient sur le point de commettre des attentats en France, avec le soutien des Palestiniens. L'un des Irlandais arrêtés en aurait commis deux en Allemagne avec l'aide de terroristes allemands, notamment contre une caserne. Nous avons saisi deux cents photos sur lesquelles figurent des terroristes palestiniens et irakiens.

Prouteau reprend la main, il n'imagine pas alors que ce qu'il va asséner est le tournant de l'affaire :

— Nous avons retrouvé des gens d'Action directe en Suède, Belgique et Hollande. D'ailleurs, notre coup de filet est en relation avec l'attentat de la rue des Rosiers. La femme interpellée à Vincennes pourrait être celle qui a participé à l'attentat contre le restaurant Goldenberg.

Je le regarde, interloqué, quelque chose a dû m'échapper. J'ai conscience d'être celui qui met le doigt dans le pot de confiture en disant :

— Jusqu'à ce jour, aucune femme n'est apparue dans l'affaire de la rue des Rosiers et j'ai la plus entière confiance dans le professionnalisme des enquêteurs de la Crim' qui ont effectué un travail de fourmis pendant plusieurs semaines.

On a interrogé six cents personnes lors de l'enquête de voisinage. S'il y avait eu une femme dans le commando, on le saurait !

Barril est un bon adjoint, il vole au secours de son chef :

— Les Irlandais ont sans doute servi de soutien logistique...

En langage clair, mon cher commissaire, la

femme n'était pas sur le terrain, mais elle est mouillée dans l'attentat !

Un silence gêné s'installe. En fait, hormis le duo Prouteau-Barril, tout le monde sent que ces arrestations ne sont pas si mirobolantes.

Le ministre Franceschi se tourne alors vers Prouteau.

— Il y a une enquête, comment peut-on coordonner les investigations ?

— Le mieux serait qu'un fonctionnaire de chaque service intéressé se rende à Vincennes pour examiner la documentation saisie dans l'appartement, propose Prouteau.

La ficelle est un peu grosse ! Les super-gendarmes garderaient la direction de l'enquête et en feraient ce qu'ils voudraient…

Dans l'intervention de Franceschi, je reconnais la patte de Robert Broussard. L'affaire ne sent pas bon, il serait judicieux que ce soit la Crim', territorialement compétente, qui prenne l'enquête en main.

— Je vais demander au Parquet de Créteil d'ordonner la saisine de la Crim' qui poursuivra l'enquête avec l'assistance de la gendarmerie.

Sur ces paroles ministérielles, la séance est levée. On nous recommande de sortir par la petite porte, celle de la rue des Saussaies. J'ai été au cabinet du directeur général et je ris intérieurement ;

c'est l'endroit où les journalistes ont l'habitude de se poster. Je sors avec le directeur dans ma voiture par le grand portail. Les autres se font mitrailler par les photographes tandis que nous, nous partons incognito !

Dans la voiture, le directeur par intérim du 36 et le patron par intérim de la Crim' sont d'accord : l'affaire est trop belle pour être vraie. Nous sommes sur la corde raide. On a tout intérêt à trouver le fin mot de cette histoire le plus vite possible, au risque d'être éclaboussés par un scandale dans lequel nous n'avons rien à voir. La Crim' va devoir mettre les bouchées doubles.

Arrivé au Quai des Orfèvres, j'appelle immédiatement le commandant Jean-Michel Beau, fraîchement promu à la tête de la section de recherches de Paris. Il a été saisi par le GIGN pour légaliser l'affaire.

Dans un premier temps, Jean-Michel Beau croit évidemment à la réalité de ce coup de filet. Il a accompli son travail le plus consciencieusement possible. J'ai toujours été convaincu de sa parfaite intégrité.

Au bout du fil, visiblement irrité, il me répond sur un ton très militaire :

— Monsieur le commissaire, c'est la première fois que je suis dessaisi d'une affaire comme ça dans de telles conditions. C'est anormal ! Venez à

21 heures à la gendarmerie avec vos collaborateurs, je vous remettrai les trois interpellés, la procédure et tous les objets et munitions saisis dans l'appartement.

À l'heure dite, nous sommes sur place. Le commandant Beau nous reçoit d'une manière courtoise mais très sèche. Je le comprends. Il estime qu'on lui enlève l'affaire de sa vie. Pauvre Commandant Beau, appelé sur place parce qu'il avait des compétences d'OPJ (Officier de Police judiciaire) que Barril n'avait pas. Il ignore que le duo infernal Prouteau-Barril va lui faire porter le képi et que sa vie en sera brisée.

Direction le 36. Dans les coffres s'entassent les pièces remises par les gendarmes : trois pistolets automatiques, des documents dont l'album photo évoqué par Barril et dans lequel il y a surtout beaucoup de photos de famille (mariage, communion, etc). Au premier coup d'œil, tous ces braves gens ne ressemblent pas à de dangereux terroristes, mais on ne sait jamais. Il y a aussi un pain d'explosif de 500 grammes avec deux détonateurs qui étaient, selon les gendarmes, enfoncés dans la masse explosive. Pour des professionnels habitués à manier les explosifs c'est étonnant. Il y a quelque chose d'anormal. Quant à nos trois Irlandais, Michael Plunkett, Stephen King et Marie Riyrcid, ils continuent de clamer leur innocence.

Quand nous arrivons au troisième étage du 36, nous avons droit à un comité d'accueil impressionnant. Tous les représentants de la police nationale sont là : Renseignements généraux de la PP et de la direction centrale, la DST, la DGSE et la Sécurité militaire. Bien sûr, tous veulent voir ce qu'on a rapporté, puisque les médias décrivent à longueur de colonnes des « documents importants ». Je leur demande gentiment de patienter et je fais venir Jacques Poinas, le patron des Anti-Terro, ainsi qu'un procédurier et un chef de groupe.

— Jacques et vous tous, écoutez moi bien. Prenez le temps pour examiner tout ce qu'on a. Ensuite, on fera pénétrer dans la pièce tous les représentants de la Police nationale et du renseignement extérieur.

On étale les scellés et les documents sur la grande table de réunion. Une heure plus tard, Jacques Poinas est on ne peut plus clair. Il tient à la main un vieux papier froissé sur lequel est inscrite la liste des armes.

— Claude, dit-il, c'est bidon ! À part cette liste qui mérite d'être examinée, rien d'important.

Dès lors, il ne faut pas être devin pour comprendre les conséquences que risquent d'entraîner les développements de cette affaire. L'onde de choc promet d'être monstrueuse. J'attends que tout ce beau monde quitte le 36 et, dans le courant de la nuit, je réunis tous les effectifs présents de la Criminelle. Dieu sait s'il y avait du monde ! Je leur annonce qu'on va travailler sur cette affaire d'une manière encore plus minutieuse que d'habitude.

— Je ne veux entendre à aucun moment de mots désagréables concernant les gendarmes, qu'il s'agisse de la cellule élyséenne ou de ceux de Vincennes. Il faut qu'on aille jusqu'au bout de cette affaire même si elle ne semble pas aussi importante qu'elle paraissait l'être au départ, tout au moins telle que l'avait présentée l'Élysée.

Puis je vois débouler Robert Broussard dans mon bureau, dès le lendemain de la réunion « historique » à l'Intérieur. Je suis en pleine conférence avec mes gars sur cette enquête et mon Robert s'invite. Il est conseiller du ministre, mais je le trouve gonflé. Il veut intervenir et poliment, bien qu'intérieurement j'explose, je lui fais comprendre que JE dirige l'enquête et qu'il a quitté la maison. Ça, c'est quand nous sommes en public, mais lorsque la porte est fermée, je prends un autre ton :

— Tu me fais chier Robert, ici c'est moi le patron !

Il a un petit sourire, il a compris, il sort. Pourtant je l'aime bien, ce grand flic.

Le 30 août, la machine s'est mise en marche. Les recherches sont parties dans de nombreuses directions, sur la documentation, sur les armes saisies, et sur nos trois Irlandais qui clamaient leur innocence. On a même fait appel aux polices anglaise, allemande et néerlandaise, lesquelles ont détaché rapidement des représentants.

Dans ce genre de situation, la Brigade criminelle est d'une efficacité redoutable. Je ne me lasserai jamais de le dire et de le répéter tant je suis admiratif de la technique déployée et de l'expérience de ses policiers qui peuvent faire preuve d'une phénoménale capacité de travail.

Rapidement, on a dû de se rendre à l'évidence. Si les trois Irlandais de Vincennes étaient effectivement connus comme membres de l'INLA (une branche dissidente de l'IRA), en revanche, ils ne préparaient aucun attentat où que ce soit. Sur ce point, nos collègues britanniques, allemands et hollandais seront extrêmement clairs. De même, les examens balistiques des armes saisies ne donneront-ils rien. Quant aux noms, numéros de téléphone et adresses figurant sur les documents saisis et intéressant les services français et étrangers, ils se révéleront sans le moindre intérêt.

Dans le même temps, nous poursuivons les auditions des trois Irlandais. Ils nient toute participation dans l'attentat de la rue des Rosiers ou un quelconque projet d'attentat. Et sur les trois armes saisies, ils reconnaissent être propriétaires de l'une d'entre elles découverte dans la cheminée de l'appartement. Maigre butin.

Dans la presse, il faut attendre quelques jours avant la parution des premiers papiers faisant allusion à la possibilité d'une affaire bidon montée par le GIGN, notamment dans *Le Monde* sous la plume d'Edwy Plenel.

On va se prendre la Cellule élyséenne plein fer ! Les super-gendarmes de l'Élysée ont l'oreille du président et jouent les pleureuses : « La Crim' sabote tout. Cette affaire est extraordinaire, ces charlots bousillent tout ! » François Mitterrand n'a pas besoin d'en entendre plus, il déteste la Brigade criminelle. Cette rancune date de l'attentat bidon de l'Observatoire, en 1959, lorsque le futur président a voulu faire croire qu'il était la cible de l'OAS. Mitterrand n'a jamais pardonné à la Crim' d'avoir douté de sa parole et de l'avoir interrogé comme un simple justiciable. D'ailleurs, lors de sa visite au 36, en 1984, il tournera casaque devant les étages de la Criminelle, refusant d'y poser une semelle !

Dans cette rocambolesque histoire, le pouvoir politique a joué avec le feu, donnant à une unité d'élite des compétences qu'elle n'avait pas et créant de toutes pièces une rivalité avec les services de police. Dans l'histoire de la Crim', les disputes pour ne pas dire les guerres, ne manquent pas. On peut même dire que la Criminelle s'est un peu créée sur ce terreau. Ce sont les bons résultats des Brigades du Tigre qui poussent le 36 à monter un service spécifique de lutte contre les criminels.

Les Brigades du Tigre – quel joli nom. Presque aussi joli et légendaire que le nôtre ! Je suis à peine de mauvaise foi, mais la première Brigade mobile s'est si souvent retrouvée dans nos pattes qu'on me pardonnera. Devenue au cours de l'histoire le SRPJ (Service régional de Police judiciaire) de Versailles puis la DRPJ, la PJ de Versailles a toujours aimé jouer dans notre cour, voler nos billes et capturer nos voleurs ! Plus généralement, l'ancienne Sûreté nationale de la rue des Saussaies, surnommée la Grande maison, aimait bien tailler des croupières aux « seigneurs » du 36.

Sous l'amicale pression de quelques amis passés à l'ennemi, je dois avouer que nous ne détestions pas non plus arrêter un criminel sous leur nez, et encore mieux, sur leur territoire.

Tout cela est la faute de Napoléon. Lorsqu'il crée le préfet de police le 28 pluviose de l'an 8 (17 février 1800), il va donner le coup d'envoi d'une formidable bataille d'ego entre le préfet Dubois et le ministre Fouché. Chacun s'attribue les grands succès, ou rejette sur l'autre les retentissants échecs ! En créant les brigades mobiles, Clemenceau en rajoute une couche. Il faut dire qu'à part la Préfecture de police, aucun service n'est véritablement efficace au début du XXe siècle.

Mobilards contre les Crim' *boys*, ça ne sera pas toujours le cas. Par exemple, durant l'affaire Stavisky, lors de l'enquête sur la mort du Conseiller Prince, deux grands flics vont travailler ensemble. Charles Chenevier, de la rue des Saussaies et Marcel Guillaume du Quai des Orfèvres. Le conseiller est parisien, il enquêtait sur le volet financier de cette énorme affaire de corruption. Mais il est mort en province, près de Dijon, sur le territoire de la Sûreté nationale. Pour une fois, la chancellerie se montre judicieuse et confie l'affaire aux deux services. Détail amusant : le romancier Georges Simenon se prend pour un enquêteur et mène ses propres investigations pour le compte du quotidien *Paris Soir*. Le créateur de Maigret se ridiculise et laissera la police aux policiers.

Après la guerre tout court, la guerre des polices va reprendre. D'un côté Charles Chenevier, déporté, résistant, patron de la Sûreté nationale, de l'autre le commissaire Pinault patron de la Brigade criminelle de la PJ parisienne. Au milieu, les gangsters qui forment la fine fleur du banditisme des années 1945-1950. Émile Buisson est sans doute le plus beau « crâne » dont rêve un policier. « Mimile » est un psychopathe, un homme qui tue pour un regard, un mot. Parce qu'il croit qu'un de ses complices a volé une émeraude lors d'un partage, il l'abat. Le diamant sera retrouvé le lendemain sous un meuble.

« Crève, salope ! » Ce seront les derniers mots qu'entendront ses victimes ! Buisson est recherché par toutes les polices de France. Pour contrer les actions de la Sûreté nationale, la PP fait ramasser tous ses indics. Et le dossier Buisson de disparaître des archives. De coups fourrés en coups fourrés, les deux entités manquent bien rater leur gibier. Ce sera finalement un indic qui livrera la cachette d'Émile Buisson aux hommes de Chénevier. Ceux-ci l'arrêtent dans une auberge de l'Eure. Chenevier ne peut se retenir, il affirme d'abord que l'ennemi public numéro un a été capturé en plein centre de Paris ! Sacré Charles, toujours le mot pour rire !

J'ai personnellement, et au plus haut niveau, vécu une guerre des polices. Elle a servi de déclencheur à mon renvoi du 36.

Je ne suis plus à la Crim', mais Directeur régional de la police judiciaire, en langage courant, le *big boss* du 36. En 1995, j'occupe ce fauteuil depuis deux ans. Je ne peux penser que je vais devoir me battre contre mon propre camp et défendre ce qui me semblait inattaquable : la Crim' !

Les vacances approchent. La journée s'étire. Cette fin de mois de juillet est parfaite, chaude et ensoleillée. Les fenêtres de mon bureau sont grandes ouvertes sur les berges de la Seine et un courant d'air rafraîchit l'atmosphère. Rien de particulier à signaler, rien qui ne semble en tout cas devoir troubler la routine du 36. Je me souviens avoir pensé que le calme de ce 25 juillet 1995, pouvait précéder la tempête. Après tout, ici, nous y sommes habitués.

Il est 17 h 30 quand je relève la tête du dossier dans lequel je suis plongé, je viens d'être surpris par un grand bruit inhabituel, une grande détonation ! Je pense au métro qui n'est pas loin. Dans les deux minutes qui suivent, le chef de salle de l'état-major m'appelle. Il confirme mes craintes ; effectivement une explosion vient de se produire dans le métro, station Saint-Michel. On en ignore encore l'origine. Quelques minutes plus tard, on m'informe que cette explosion est criminelle. Je n'ai que le pont Saint-Michel à traverser avec les hommes de la Crim'. Ils n'ont pas attendu d'être saisis officiellement pour se rendre immédiatement sur les lieux, accompagnés de l'Identité judiciaire.

Quand j'arrive dans le métro, sur la ligne B du

RER, les premiers secours sont là. J'éprouve le même sentiment d'impuissance que celui que j'avais éprouvé le 24 juin 1988, dans la gare de Lyon où une collision entre deux trains avait fait 52 morts et 57 blessés. Dans ces cas-là, il n'y a qu'une chose à faire : laisser travailler les secours, médecins, infirmières et pompiers. Sentiment d'impuissance mais aussi de révolte devant le carnage. Il n'y a pas d'autre mot. Dieu sait, pourtant, si dans notre métier nous en avons vu des morts, des crimes et des attentats ! La vue de ces corps suppliciés dans un enchevêtrement de fer au-dessus desquels plane encore une odeur de poudre : c'est l'horreur ! On n'ose pas regarder ces scènes dont on sait qu'elles nous marqueront à tout jamais.

Dans ce premier attentat, on dénombrera huit morts et plus d'une centaine de blessés. C'est le début d'une série qui va plonger la France dans la peur.

Quinze jours plus tôt, le 11 juillet, donnant le signal de cette campagne sanglante, l'imam Sahraoui, fondateur du Front islamique du salut (FIS) et son secrétaire, ont été assassinés. Deux hommes armés d'un fusil à pompe et d'un pistolet les ont abattus dans la mosquée de la rue Myrha, dans le XVIIIe arrondissement. Ces assassinats, ainsi que l'ensemble des attentats, seront tous revendiqués par le GIA algérien, le Groupe islamique armé.

Il faut encore préciser que ces deux événements surviennent quelques mois après le détournement, en décembre 1994, d'un Airbus d'Air France venu d'Algérie, et qui s'était posé sur l'aéroport de Marseille. L'intervention spectaculaire du GIGN sous l'œil des caméras de télévision, se soldera par la mort des membres du commando du GIA qui avaient l'intention de projeter l'avion sur la Tour Eiffel.

Que ce soit à la SAT, ou au sein de nos services de renseignements, on estime que ces trois événements sont liés ; le détournement, l'assassinat de la rue Myrha et l'explosion dans la station Saint-Michel.

Des dossiers remontent dans ma mémoire. En 1994-1995 la Crim' a démantelé avec les RG et la BRB, un gang de braqueurs-trafiquants de drogue. Le réseau des frères Chalabi qui menait plusieurs actions de front. Attaques de banque, trafic de drogue dans les cités, et recrutement-endoctrinement dans les mosquées. On fait immédiatement le lien avec l'attentat du RER. En juin 1995, nous pensions, après une dernière vague d'arrestations, avoir décapité le réseau Chalabi. Il n'en est rien, c'est toute la complexité des affaires de terrorisme, des circuits cloisonnés et dormants.

Ces attentats de 1995 marquent aussi un tournant avec l'irruption du fondamentalisme islamique ; désormais notre ennemi n'est plus politique, il est extrémiste, religieux.

Après Saint-Michel, une bombe cachée dans une poubelle explose et fait seize blessés à Paris, le 17 août 1995, près de la place Charles-de-Gaulle. Comme à Saint-Michel, il s'agit d'une bombonne de gaz bourrée de clous. Le 26 août, une bombe est découverte sur la ligne TGV Paris-Lyon, elle aurait dû exploser au passage du train, mais heureusement a fait long feu. Là encore, il s'agit d'une bonbonne de gaz chargée de clous.

La série continue. Le 3 septembre, une cocotte-minute remplie de clous et d'écrous fait elle aussi long feu sur le marché du boulevard Richard-Lenoir, à Paris, près de la Bastille. On compte quatre blessés légers.

Le 4 septembre, une bouteille de gaz est découverte puis désamorcée dans des sanisettes, place Charles-Valin, au beau milieu d'un marché, dans le XVe arrondissement. Elle était programmée pour sauter le 3 septembre, jour de marché. Si cette bombe avait fonctionné, on aurait eu un grand nombre de victimes. Le laboratoire central de la préfecture de police reconstituera la bombe et recréera l'explosion ; la porte de la sanisette et un morceau d'acier qui pesait une centaine de kilos seront projetés à cent cinquante mètres !

Le 7 septembre, à Villeurbanne, dans la banlieue de Lyon, une voiture piégée explose près d'une école juive. Il n'y eut ni victimes ni blessés graves, la bombe n'ayant pas explosé au moment de la sortie des élèves. Cet attentat raté sera attribué à Khaled Kelkal, lequel, se sachant identifié, est en cavale. Ses empreintes avaient été relevées sur un morceau de ruban adhésif entourant la bonbonne de gaz du Paris-Lyon. Il sera tué par les gendarmes du GPIGN au lieu-dit Maison-Blanche, près de Lyon, à la fin du mois de septembre.

Le 6 octobre, jour des obsèques de Khaled Kelkal, une bonbonne de gaz, encore bourrée de clous et de boulons, explose près de la station de métro Maison-Blanche, dans le XIIIe arrondissement. Il y eut seulement douze blessés légers. Des traces papillaires appartenant à un dénommé Boualam Bensaïd, seront découvertes sur la bouteille de gaz.

Un dernier attentat eut lieu le 17 octobre dans une rame du RER C, entre les stations Musée d'Orsay et Saint-Michel, vers 7 heures du matin, une heure d'affluence. Bilan : une trentaine de blessés.

Les Antiterro de la Crim' sont à fond, on a

mobilisé tout le monde, même les groupes de droit commun. En fait, tous les services de la PJ sont sur le pont. Du côté du ministère de l'Intérieur, c'est la sixième section antiterroriste qui travaille sur le dossier.

Arrivé à ce point du récit, il me faut vous livrer une explication. Il y a des noms et des gens qui ne méritent pas d'encombrer ma mémoire. C'est pour cela que je ne nommerai ni n'écrirai le nom du patron de la sixième section chargée de la lutte antiterroriste. Ce personnage joue un grand rôle dans cette guerre des polices, un conflit qui aurait pu se chiffrer en victimes, en corps déchiquetés, en morts innocents !

Je connaissais ce flic et l'estimait lorsqu'il était à la PJ de Marseille. Manifestement l'air de la capitale ne lui avait pas réussi. Autoproclamé roi de la lutte antiterro, il avait un remarquable sens politique. Un courtisan hors pair, les ministres de l'Intérieur ont apprécié ses services, à gauche comme à droite.

Derrière notre dos, ce policier n'a eu de cesse de nous rabaisser aux yeux du juge Bruguière et du ministre de l'Intérieur Jean-Louis Debré. Bruguière lancera d'ailleurs au cours d'une réunion :

— La Criminelle est en train de foirer mon affaire !

Évidemment, « l'autre » boit du petit lait, d'autant plus que je ne suis pas convié à cette réunion. Cela va durer des mois, tout le temps de cette enquête. Je rappelle que des attentats se commettent, qu'on est à la poursuite d'un réseau organisé et dangereux. Je ne comprendrais jamais l'ego surdimensionné et la malfaisance à ce point-là !

Les manœuvres sont grossières mais efficaces : « l'autre » se mêle de tout, veux tout diriger, tout savoir. Une piste foire ? C'est la faute de la Crim' ! Une réussite ? C'est lui ! Lui, pas ses hommes. L'ambiance dans son groupe est électrique.

Le patron de la SAT, Loïc Garnier a la rage. Ce flic de talent ne supporte pas qu'on touche à ses hommes, à leur travail.

Le coup de grâce sera assené au moment de l'identification du poseur de bombe, Khaled Kelkal.

Je ne le sais pas, mais « l'autre » est déjà à l'œuvre. Il affirme avoir lui-même fait démonter la bombe puis persuadé le juge Bruguière et le directeur général de la Police nationale, Claude Guéant, de ne rien transmettre au 36 et aux autres services. Là où une diffusion nationale s'imposait, nous n'aurons rien !

— Sinon, dira « l'autre », on va tout retrouver dans la presse ! Massoni (le préfet de police) et Cancès feraient mieux de la fermer et de sortir des affaires !

Claude Guéant et Bruguière sont d'accord. Il faut dire que le premier a tendance à jouer les chefs de groupe de cette enquête et que la personnalité flamboyante du second s'accommode bien de cette conspiration.

Finalement, Ange Mancini, sous-directeur des affaires criminelles à la direction centrale PJ me téléphone.

— Claude, je suis emmerdé, on vient d'identifier le poseur de bombe du TGV. Il a été décidé de ne pas diffuser le nom. Je ne suis pas d'accord, j'ai tout tenté pour changer cette décision ! Regarde chez toi si tu ne l'as pas dans tes fichiers. Il se nomme Khaled Kelkal.

Je pousse un cri de rage ! Quarante-huit heures plus tard, a lieu l'attentat devant une école juive. Et si cette guerre des polices permettait au terroriste de s'enfuir ou de commettre d'autres attaques ? Il n'est désormais plus question de cacher l'identité de Kelkal, sa photo est envoyée en urgence dans tous les services de police et de gendarmerie.

L'affaire s'envenime et devient publique. Le président Jacques Chirac s'en mêle et ordonne lors d'une intervention télévisée la fin des querelles. Une tribune signée du pseudonyme « Cicéron » paraît dans *Le Monde* le 23 septembre. Cicéron, en fait un groupe de hauts fonctionnaires, policiers et magistrats, stigmatise pêle-mêle les méthodes de la Section antiterroriste du Parquet de Paris, de « l'autre », Claude Guéant et la non-diffusion du nom du terroriste. Jean-Louis Debré va même me soupçonner de faire partie du groupe Cicéron, ce qui n'est pas le cas !

Quelques mois plus tard, je suis évincé. Je n'en fais pas une affaire d'État, je ne suis pas propriétaire de mon poste. Je rejoins le cimetière des éléphants, l'IGPN. La Crim' sort de cette affaire touchée, mais pas coulée ! Martine Monteil va la regonfler et lui redonner la pêche. Les magistrats continuent à louer les qualités de la brigade et à travailler avec elle sans se poser de question.

Quant à « l'autre », discrédité par un dossier Corse, il ère aujourd'hui, me dit-on, dans les couloirs de l'Intérieur en espérant un poste à sa démesure !

Au cours de ces journées, j'ai souvent enragé, je me suis mis en colère, je suis monté au créneau pour mes gars. C'est la vie de directeur qui veut ça, c'est ainsi. Au moment où j'ai quitté le 36, je n'avais aucun regret !

J'en ai peut-être tellement vu des affaires tordues que j'avais mon compte. Non, j'aurais poursuivi mon travail, avec la même passion. Sinon, je ne serais pas en train de vous raconter tout ça avec autant de plaisir.

La guerre des polices existe, je l'ai rencontrée. Mais j'ai connu un fait plus rare, la guerre dans la police au moment de la chute du Gang des postiches.

L'histoire a inspiré un film à Olivier Marchal, qui a fait grincer des dents : *36 Quai des Orfèvres.* Lorsqu'il était policier, je l'ai eu sous mes ordres. Son film raconte, de manière très romancée, ce qui est normal, une affaire trouble, délicate, qui a laissé des traces.

Nous sommes en 1986. Une équipe de braqueurs sévit depuis cinq ans. Ils s'attaquent aux banques, à leur point faible, les coffres des particuliers. Leur dernier braquage tourne au vinaigre. La BRB et l'Antigang planquent devant le Crédit Lyonnais de la rue du Docteur Blanche. Les Postiches seraient à l'intérieur, au travail. La centrale de surveillance a prévenu la PJ que des bruits suspects parvenaient de la salle des coffres. Depuis quelque temps, les banques ont en effet sonorisé les agences.

Je suis aux premières loges en tant que patron de l'Antigang. Il va y avoir une fusillade au moment de la sortie des bandits. Deux corps gisent au milieu de la rue : Bruno Berliner, côté Postiches, et Jean Vrindts, côté BRB : morts ! Deux hommes de la BRB sont grièvement blessés durant la course poursuite qui s'ensuit.

J'aperçois mon adjoint Birot au sol, mon cœur se serre, mais il se relève, blessé à la tête sans gravité. Il a eu la baraka, mon pote, un de ces voyous lui a tiré un coup de feu en pleine tête, le ratant par miracle !

La Crim' est saisie de l'enquête sur cette fusillade. Tout concourt pour faire de ce dossier une affaire pourrie. Des cas de policiers ripoux à la BRB et la BRI s'y ajoutent, les patrons sont mis sur la sellette. Je suis interrogé par la Crim', ce qui me fait bizarre. La Crim' passe tout au peigne fin, fait l'enquête de voisinage, interroge sans se poser de questions sur les policiers impliqués. Elle nous questionne avec le même soin que si nous étions des « civils ». Pour la Brigade, je ne suis qu'un témoin, voilà tout.

Durant une semaine, c'est la guerre au 36. On est en quarantaine, les policiers de la BRB et de l'Antigang réclament notre démission. On est mal, c'est la guerre dans la police, j'offre ma démission : le préfet me convainc de la reprendre. L'enquête de la Crim' nous rassure : ils identifieront presque tous les Postiches. Le gang sera arrêté par le RAID et on n'entendra plus parler d'eux que dans des films ou des livres.

Ce sont les empreintes relevées lors d'une autre fusillade qui permettent à la Brigade de remonter la piste des Postiches. Je crois qu'on pourrait écrire un livre sur les « paluches », les gars du labo et le boulot de l'IJ (Identité judiciaire). En attendant, nous allons leur consacrer un chapitre.

Chapitre XII
De Maigret aux experts

L'histoire de la Crim', de ses succès comme de ses ratages, est intimement liée à la science, à ses progrès et à ses applications. C'est en France que fut identifié et arrêté, pour la première fois au monde en 1902, un assassin grâce à ses empreintes digitales. Cet exploit fut médiatisé à telle enseigne que quelque temps après, des cambrioleurs ont effacé leurs empreintes et gravé sur du bois un moqueur « Cherche, Bertillon, cherche ! » Réference à Alphonse Bertillon, l'inventeur de l'Identification judiciaire à la fin du XIXe siècle, et qui a durablement marqué son époque.

Pour authentifier ses courriers, l'un des membres de la Bande à Bonnot appliquera l'empreinte de sa main et écrira : « Bille de Bertillon, mets tes lunettes et gaffe ! ».

Pourtant, Bertillon va aussi laisser un héritage un peu discutable. Il fait inscrire sur les fiches de police les empreintes digitales, mais ne généralise pas le système, ne l'étend pas. La France va prendre du retard, cafouiller. Les divers fichiers ne sont pas croisés. Un bandit « provincial » peut être contrôlé à Paris sans que son dossier ne surgisse, et vice-versa. Une affaire va faire éclater ce système archaïque, celle du tueur de vieilles dames de Paris, Thierry Paulin.

C'est un oiseau de nuit, un de ces produits des années 1980, de cette époque où tout brille, où la fête est totale, clinquante, kitch. Serveur au Paradis Latin, c'est un Antillais, Thierry Paulin qui est connu du monde de la nuit. Il commence ses méfaits le 5 octobre 1984. Deux hommes attaquent Germaine Petiot, rue Lepic, dans le XVIIIe arrondissement. La vieille dame de 91 ans survit par miracle. Puis le « couple » enchaîne les attaques, toujours selon le même mode opératoire. Il repère sa victime, la suit, entre dans l'immeuble sur ses talons, puis force sa porte au moment où elle l'ouvre. Thierry Paulin agit avec son compagnon Jean-Thierry Mathurin. En quelques mois, ils sèment la terreur dans ce quartier. La presse titre sur « le tueur de vieilles dames du XVIIIe arrondissement », le maire, le député Alain Juppé et les élus organisent une réunion publique, dénoncent l'inaction de la police. Pourtant cent-vingt gardiens, trente-cinq îlotiers et cinquante

CRS sont mobilisés pour surveiller le quartier de la butte Montmartre. Les hommes de la Crim' n'ont aucune piste, les agressions sont crapuleuses, mais le butin est quasiment toujours dérisoire.

Une vieille dame persuadée d'avoir échappé aux tueurs décrit l'un des hommes... Enfin, presque, le portrait-robot s'avère faux et envoie la Crim' sur une fausse piste, celle d'un homme attablé dans un café des Abbesses et qui a le malheur de ressembler à ce dessin imparfait.

La série s'interrompt. Rien de pire pour un service comme la Crim' qui se perd en conjectures. Le tueur est-il mort ? Malade ? En prison ? En fuite ? En fait, les tueurs sont à Toulouse, ils se séparent après une violente dispute. Paulin remonte à Paris et reprend son itinéraire meurtrier. Il va perfectionner son « style » en variant les arrondissements pour perdre la police. Il finit par tomber pour agression sur un dealer, en août 1986 et est condamné à seize mois de prison. Il est fiché et ses empreintes sont apposées sur son carton. La Crim' ne manque pas de traces papillaires dans ce dossier, les tueurs n'ayant pas pris de précautions lors des premiers assassinats. Depuis le début, les fichiers de la PP sont explorés à la recherche d'empreintes correspondantes.

Oui, les fichiers sont mis à contribution : mais ceux de la PJ du 36. Pas ceux de la banlieue où il a agressé le dealer, ni ceux de Toulouse où il est répertorié depuis l'âge de dix-sept ans. Oui, vous avez bien lu : en 1986, les recherches en la matière ne sont pas communes entre la PJ parisienne et ses services de province. De plus, tout se fait à la main, pas question d'informatique, ni de regroupement des fichiers. Nous naviguons en plein Moyen Âge policier ! Nos voisins européens ont des outils performants et modernes. Nous nous sommes contentés d'inventer et de nous reposer sur nos lauriers.

Paulin sort de prison au bout d'un an et remet ça. Mais l'une de ses victimes survit. Marie-Rose Finalti décrit précisément « un grand noir, avec des cheveux décolorés blonds et une boucle d'oreille ». Un portrait-robot signalétique est dressé. Je suis alors chef d'état-major au 36. Ce jour-là, je traverse le couloir, frappe à la porte et entre chez le directeur adjoint Jean-Pierre Sanguy. J'ai à la main le portrait du tueur de vieilles dames.

— On progresse dans l'affaire des meurtres, voici le portrait de l'assassin. On le diffuse.

— Tu vas le balancer comment ?

— Par courrier, comme d'habitude.

— Tu ne crois pas qu'on devrait le faire porter en priorité ? Il faudrait que tous les flics de chez nous l'aient tout de suite.

— Je fais le nécessaire, tu as raison.

Le fax n'est pas encore dans tous les commissariats, des motards apportent l'affiche et le portrait robot dans tous les locaux de la PP à Paris et banlieue.

Merci Sanguy. Grâce à ce réflexe de vieux briscard, on a peut-être évité un nouveau meurtre. Le commissaire Francis Jacob reçoit le portrait-robot le soir même. S'il l'avait reçu au courrier il n'y aurait pas prêté la même attention, ou bien il aurait pu être occupé à l'heure où les enveloppes atterrissaient sur son bureau. Quoi qu'il en soit, le matin du 1er décembre 1987, il bavarde sur le trottoir devant son commissariat de la Porte Saint-Denis avec des commerçants. Un homme passe au milieu du groupe, Jacob fait tilt, le type est noir, grand, athlétique, coupé à la Carl Lewis, boucle d'oreille et teinture blonde... Le commissaire a dans sa poche depuis hier soir l'avis de recherche de la PP.

— Jeune homme ? Vos papiers s'il vous plaît, police.

Habitué, Paulin tend sa carte d'identité.

— La photo ne correspond pas à votre allure actuelle. Vous pouvez me suivre ?

Quelques minutes plus tard, le 36 reçoit un coup de fil, Paulin est transféré à l'Identité judiciaire et ses empreintes le confondent. L'affaire du tueur de vieilles dames est finie. Enfin pas tout à fait, puisque Thierry Paulin balance le nom de son complice dans la première série de crimes. Paulin mourra du Sida en prison avant d'être jugé. Il avait 26 ans et dix-neuf meurtres à son actif.

C'est à la suite de cette affaire où la gabegie des fichiers « à la française » éclate au grand jour, que fut créé le Fichier national automatisé des empreintes digitales (FNAED). Un ancien patron de la Crim' va d'ailleurs être le principal artisan de la révolution technique et scientifique de ces années-là. Jacques Genthial, dont j'ai déjà évoqué le nom, un Aveyronnais pur jus, patron de la Brigade criminelle en 1982, fumeur de tabac brun, calme, grand, costaud, sportif, passionné par son boulot. C'est un imaginatif, un créatif cultivé et généreux qui veut toujours améliorer les choses.

Le 21 mars 1984, il est convoqué chez le directeur général, pas chez le préfet de police, ce qui est déjà étonnant. Le soir même, je le rejoins dans son bureau comme d'habitude, il fait la gueule. On lui tire les vers du nez, il finit par s'expliquer.

— Je suis vidé, le DG veut me nommer au SRPJ de Rennes, j'ai dit non.

— Mais pourquoi ?

— Je n'en sais rien, il m'a avancé que le terrorisme repartait en Bretagne.

— Qu'est-ce que tu as répondu ?

— Qu'il se foutait de ma gueule ! J'ai demandé le Conseil de discipline, puisqu'on me vire, je veux savoir pourquoi !

— Et ?

— Il a hurlé et on s'est arrêté là ! J'attends demain.

On avait bien eu quelques rumeurs. Quelques semaines avant, Jean-Marie Pontault, journaliste d'investigations, croise Jacques Genthial et lui glisse en confidence :

— Gilles Ménage (conseiller à l'Élysée) m'a dit que tu allais être viré !

— C'est des conneries, on n'a que des succès à la Crim' !

Pourtant, Genthial est viré, la presse s'étonne, on ne voit pas ce qu'on peut reprocher à ce bon flic qui enchaîne les affaires réussies.

Ce n'est que bien plus tard, en attaquant en diffamation Gilles Ménage qui avait commis un livre, que Jacques Genthial apprendra le fin mot de l'histoire. Bien sûr, il avait un doute, pensait que son éviction était lié aux « Grandes oreilles » de l'Élysée. Le commandant Prouteau, encore lui, affirme que Jacques Genthial et Jean-Edern Hallier ont de fréquentes conversations. C'est vrai ; Jean-Edern Hallier harcèle Jacques Genthial de coups de fil, l'exaspérant avec ses délires.

L'écrivain et polémiste a croisé le patron de la

Crim' lors de l'affaire rocambolesque de son faux enlèvement. Depuis, il le harcèle au téléphone, or la cellule (illégale) de l'Élysée a branché Hallier. L'écrivain veut publier *L'honneur perdu de François Mitterrand* où il dévoile la double vie du président et l'existence de sa fille Mazarine. Prouteau et Ménage imaginent alors que Genthial est de mèche avec Jean-Edern Hallier et saisissent l'occasion de se venger de la Crim'. Jacques Genthial m'a affirmé en rigolant :

— À l'époque, il paraît que j'étais un des seuls flics à ne pas savoir que Mitterrand avait une fille cachée.

Toujours est-il qu'il faut caser Genthial quelque part, puisqu'il refuse Rennes.

Au ministère de l'Intérieur, une vieille mission sur la police scientifique traîne depuis un an.

Jacques va donc se retrouver dans un petit bureau, un placard ridicule, où il se met à la tâche. De ce placard va sortir une des révolutions de la police moderne, un véritable service technique et scientifique.

Au début de ces années 1980, les moyens techniques et scientifiques de la police, mais aussi de la gendarmerie, stagnent à un niveau proche du néant. Comparée à ses voisins européens, notamment la Grande-Bretagne, la France, dans ce domaine, fait figure de pays sous-développé. Les responsables ont dégainé durant cinquante ans des missions ou commissions dont les rapports finissaient immanquablement dans de profonds tiroirs.

À l'époque, les laboratoires français de police scientifique, au nombre de cinq, emploient en tout et pour tout quatre-vingts scientifiques contractuels et policiers.

En Allemagne, le nombre de scientifiques formés dépasse largement le millier d'agents. Il en va de même au Royaume-Uni ou en Espagne. La surface ajoutée des cinq laboratoires français, qui s'élevait à 3 500 mètres carrés, était inférieure au seul laboratoire du siège du BKA allemand (4 800 mètres carrés) ou à celui de Londres (5 000 m^2).

Comment s'étonner que la Brigade criminelle soit obligée, en 1983, après de vaines recherches dans nos laboratoires de police, de faire appel au laboratoire du Louvre pour déchiffrer avec succès un écrit délavé ? Ou qu'un laboratoire français, suite à l'homicide de Diane Fossey au Katanga, confonde des poils d'être humain et de gorille ?

La formation continue n'existe pas, pas plus que la recherche scientifique. Les divers laboratoires s'ignorent et ne se parlent pas : un de ses directeurs affirme sans rire : « Pour vivre heureux, vivons cachés. »

À l'exception de quelques microscopes comparateurs achetés dans les années 1950-1960, on ignore les moyens modernes d'analyse, telle la spectrométrie de masse ou la microscopie électronique à balayage, pourtant utilisées à cette époque un peu partout !

L'Identité judiciaire n'est guère plus glorieuse. Pourtant, ce fut l'orgueil de la PJ, le premier service au monde chargé de fixer les lieux d'un crime ou d'un délit, de relever les traces et indices, de les analyser ou de les faire analyser afin d'en identifier les auteurs. C'est de là que vient le respect de la scène de crime !

Mais en 1984, les structures de l'Identité judiciaire sont incohérentes. Les fichiers de la PP et ceux de la direction générale de la Police nationale (tout le reste de la France) sont incompatibles. Non seulement ils sont distincts, mais les caractères d'identification retenus par les uns et les autres ne sont pas les mêmes. Les formulations alphanumériques non plus, évidemment. Comme il y a, outre la Préfecture de police, dix-huit services régionaux d'identité judiciaire et un service central, il existe dix-neuf fichiers distincts, plus celui de la PP à consulter en cas de recherches.

L'inefficacité de cette usine à gaz est grandiose. Même les techniciens de l'Identité judiciaire ne croient pas en ses résultats ! Quand ils découvrent une trace, elle est très souvent inexploitable. Face à de tels résultats, les enquêteurs ne font appel à l'IJ que dans 10 % des cambriolages… Voilà où en était le pays qui a vu naître Bertillon et surtout Edmond Locard le Lyonnais, père de la police scientifique reconnu dans le monde entier !

On comprend pourquoi les recherches sur Thierry Paulin, le « Tueur de vieilles dames », sont demeurées vaines alors qu'il était pourtant identifié dans plusieurs de nos fichiers. Une autre illustration nous vaut une honte internationale : Un « appartement conspiratif » de la bande à Baader, la « Fraction armée rouge » est découvert à Paris durant l'été 1980.

L'identité judiciaire, malgré des recherches minutieuses, ne relève aucune trace digitale caractéristique. Sur l'insistance du BKA, des spécialistes de ce service criminel fédéral allemand effectuent leurs propres recherches. Ils découvrent au même endroit, soixante traces exploitables permettant l'identification de onze membres de la bande ! Ils nous remercièrent pour notre coopération…

Mal formés, les techniciens de l'Identité judiciaire ne savent pas prélever correctement certains éléments comme les traces biologiques fraîches. Placées dans des sacs plastiques hermétiques, elles se décomposent et deviennent inexploitables.

Police sans archive, police sans mémoire : ces mots figuraient sur un grand panneau accroché à l'entrée de la salle des archives. Depuis toujours la police a eu besoin de mettre en mémoire ses clients et ses affaires. Du Moyen Âge jusqu'à Bertillon, on avait recours à des « détronche figures », des agents physionomistes postés à l'entrée du dépôt et qui signalaient les récidivistes (5 Francs par « reconnaissance faciale »). Puis Bertillon est arrivé et a tout changé, mettant en fiche, aux « sommiers », les criminels. Seulement, depuis le bon Alphonse (retraité en 1913), rien n'a changé, on s'est congratulé et on a empilé les fichiers !

Deux mondes se côtoient : les archives de la préfecture de police ayant pour mission le classement des procédures de Paris et des trois départements de la petite couronne, et le fichier central de documentation et de diffusion exécutant les mêmes fonctions – mais pour le reste de la France, y compris la zone gendarmerie. Pour arranger le tout, ce service qui gérait aussi le fichier des personnes recherchées et celui des véhicules volés était placé sous l'autorité directe du directeur général de la Police nationale, ce qui avait contraint la direction centrale de la Police judiciaire à créer une troisième section chargée des diffusions et des recherches. Trop de fichiers tue les fichiers : même un énarque s'y perdrait !

Du coup, chaque grand service avait créé ses propres fichiers de recherche d'individus ou d'objets. Mécanographique, semi-automatisé, manuel (sommier), canonge, FRC, fichiers des offices centraux, etc. Ils ne communiquaient pas entre eux, évidemment. Mieux, certains étaient secrets vis-à-vis des enquêteurs extérieurs.

C'est à la plume, seul membre d'une commission créée trois ans auparavant, dans son bureau où personne ne vient le voir, où le téléphone n'est qu'un objet décoratif inerte, que Genthial s'attaque à un Mammouth qui vaut l'Éducation nationale. L'Aveyronnais ne se contente pas de dresser un catastrophique état des lieux, il invente, innove, propose. Bertillon II est né !

La grande chance de Jacques est surtout d'avoir croisé Pierre Joxe. Gaston Defferre parti du ministère de l'Intérieur, François Mitterrand a la bonne idée de nommer un grand commis de l'État place Beauvau.

Pierre Joxe se lance dans un vaste plan de modernisation, la loi sur ce chantier est adopté le 7 août 1985. La rénovation de la police technique et scientifique figurait dans ce plan quinquennal comme le fer de lance du texte.

Car Joxe, qui a été l'un de mes douze ministres de tutelle, lit ou fait lire tous les dossiers. Il repère donc le rapport de Jacques Genthial : « Vous l'avez écrit, faites-le ! » Il sort mon ami de son placard et lui confie la tête de la sous-direction de la police technique et scientifique. La police française vient de rentrer dans le monde moderne. Dès l'année 1986, l'important soutien financier du projet permit un recrutement massif d'ingénieurs, techniciens, et aides techniques de laboratoires. De trente agents en 1982, la moyenne par laboratoire passe à deux cent-cinquante scientifiques en 1992. De nouveaux locaux sont aménagés, les appareils les plus modernes sont installés. Une politique de formation, d'information et de recherche est mise en place pour les scientifiques, les policiers et les gendarmes.

Comme souvent, le législateur traîne des pieds, il va en être ainsi pour l'ADN. Répugnant à mettre en fiche le patrimoine génétique pour des raisons éthiques, les politiques ralentissent l'exploitation de la découverte en 1985 du professeur Alley Jeffreys de Leicester sur la possibilité d'identifier un individu par son empreinte génétique, l'ADN.

Il va falloir huit meurtres sauvages, un juge atypique et une grande patronne pour que soit créé un outil performant pour confondre les criminels. L'affaire Guy Georges est l'occasion de tirer un coup de chapeau à ces patrons de la Crim' qui ont fait avancer la police.

Chapitre XIII
Merci Patrons !

Guy Georges fera toujours partie de l'enfer de la Brigade criminelle, cette section interdite des bibliothèques. J'ai hésité à en parler plus haut, dans le chapitre « Un goût amer », parce que l'affaire a laissé des traces. Il fallait un grand patron pour ce tueur hors norme, et ce fut une patronne – même si elle déteste qu'on l'appelle ainsi, Martine Monteil. L'escalier du 36, elle le connaît, elle l'a monté toute petite, accompagnant son père inspecteur à l'Antigang.

Le 26 mars 1998, la patronne de la Crim' vit un moment rare. Un tueur monte l'escalier et toute la brigade est là, lui faisant une involontaire haie d'honneur. Que pense t-elle ? Que se dit-elle, face à cet homme qu'elle et ses hommes traquent depuis si longtemps ? Guy Georges est surpris, décontenancé de se retrouver face à une femme.

Quand Martine Monteil a pris les commandes

de la Crim', le 1er Février 1996, elle arrive dans une brigade très atteinte, secouée par les attaques subies durant les attentats de 1995 que j'ai évoqués plus haut. Il lui faut remonter le moral des troupes.

Quand elle devient la première femme à occuper le bureau de Maigret, deux groupes courent après le même tueur et ils ne le savent pas. Parce qu'ils ne se parlent pas, parce que la personnalité opposée de leurs chefs favorise cette absence de communication. Martine Monteil rétablit la connexion, remet tout le monde dans le sens de la marche : à la Crim', on échange ! Il en a toujours été ainsi, quoi qu'on en dise.

Depuis 1991, en pointillés pour cause de séjours en prison, un homme agresse, viole et tue des jeunes femmes dans les quartiers de l'Est de Paris. Il frappe soit dans des parkings, soit en suivant les victimes jusque dans leurs appartements. Un groupe travaille sur le tueur des parkings, l'autre sur celui des appartements, ils ne savent pas que c'est le même homme. En ramenant la cohésion au sein de la Brigade, la patronne change la donne.

Il y a un tueur en série à Paris ! Le cauchemar de tout policier a pris corps, un homme qui peut frapper à tout moment n'importe où, n'importe quelle femme, est en liberté. La Crim' a bien des empreintes génétiques mais, à l'époque, les fichiers sont interdits, donc on ne peut comparer l'ADN du tueur à quoi que ce soit. D'ailleurs le labo de la PJ est si en retard que la Crim' s'adresse surtout au docteur Pascal du Laboratoire de Nantes qui a constitué son petit fichier.

Lors d'une visite à l'hôpital de l'Hôtel-Dieu pour un viol, Martine Monteil discute avec madame le professeur Diamant-Berger responsable des urgences médico-judiciaires. Les deux femmes parlent de boulot, de leurs soucis, la patronne de la Crim' se confie sur le cas du *serial killer* qu'elle poursuit. Madame le professeur lui explique qu'elle archive pour les besoins des enquêtes les échantillons de sperme prélevés dans les cas de viol.

Sur la route qui mène au 36, Martine Monteil gamberge : si l'Hôtel-Dieu le fait, tous les hôpitaux le font ! Donc il faut comparer l'ADN baptisé SK1 (*Serial Killer 1*) qui est dans les fichiers du docteur Pascal du labo de Nantes, à celui qui est dans les fichiers hospitaliers et laborantins. Si le tueur a déjà été condamné, son ADN identifié, c'est le jackpot !

L'idée de Martine Monteil est brillante, mais elle est illégale. Le juge Thiel prend ses responsabilités et son téléphone. Il appelle le docteur Pascal.

— Bonjour, Gilbert Thiel à l'appareil, je vous adresse une mission d'experts afin que vous compariez un échantillon d'ADN avec ceux que vous avez en votre possession.

— Mais Monsieur le juge, c'est illégal.

— Bien, dans ce cas, vous me motivez votre refus par écrit, lettre que je verse à la procédure et vous vous expliquerez avec les familles des victimes !

La comparaison est lancée : à ce moment-là cinq groupes travaillent ensemble sur le dossier SK 1 !

Le 24 mars 1998, le docteur Pascal après avoir comparé manuellement 3 500 ADN prévient le juge Thiel et lui donne un nom : Guy Georges. Le juge apprend également que le tueur a subi un prélèvement ADN en 1995, mais que cet échantillon a été comparé à une empreinte génétique erronée. Si on l'avait confronté à une trace relevée dans une affaire alors suivie par d'autres enquêteurs de la Crim', Guy Georges aurait été confondu. Mais entre 1995 et 1998, Guy Georges a tué deux fois. Aujourd'hui encore, Gilbert Thiel dit porter « le poids de ces deux victimes ».

L'initiative de Martine Monteil fait bouger les mentalités. Une fois de plus, sous la pression du sang, de meurtres à la une, on légifère. Mais dans le bon sens. Le Fichier automatisé des empreintes génétiques (FNAEG) est créé dès le mois de décembre 1998.

Martine Monteil a connu un autre tueur en série, un certain Mamadou Traoré. Surnommé le « Tueur aux poings nus », c'est un « *copycat* », un copieur qui a pris Guy Georges pour modèle. J'ai approché cette affaire par un hasard affreux. Alors placardisé à l'IGPN, je suis en vacances dans le Gers. Le directeur adjoint du 36, un copain, Jean Tchividjian me téléphone :

— Claude, tu vas entendre parler de cette histoire, la dernière victime du tueur en série a été découverte dans le sous-sol de ton immeuble, rue Corbineau.

— C'est une blague ?

— Non, non, c'est sérieux ! Elle est vivante, très amochée. On l'a retrouvée dans le couloir qui mène à ta cave ! En plus, il s'agit de la femme d'un collaborateur de Pasqua !

Je suis abasourdi, en rentrant à Paris je verrai les traces de craies de l'IJ sur le sol. Traoré a été arrêté grâce au réflexe d'un homme de la Crim' qui a fait découper un morceau de moquette dans un ascenseur après avoir repéré une trace de crachat. L'ADN parle et le tueur est arrêté.

Martine Monteil est un patron « épais », une vraie meneuse d'hommes, respectée, que les sei gneurs de la Crim' auraient suivi dans toutes les circonstances. Elle a beaucoup d'humanité et a dû faire face à la colère de la mère de l'une des victimes de Guy Georges, une femme outrée, blessée, qui ne comprenait pas l'ampleur des moyens déployés par la Crim' pour s'occuper d'un accident de la route sous le pont de l'Alma, alors que l'assassin de sa fille courait toujours. Mais Diana était une princesse, étrangère de surcroît. Comment expliquer à cette mère que la vie à la Crim' n'est pas toujours facile ? Que Madame le commissaire est tributaire des affaires dont la brigade est saisie ?

Des patrons il en a été beaucoup question, ceux que j'ai connus, ceux dont j'ai entendu parler, ceux dont j'ai lu les exploits. Marcel Guillaume et Georges Massu bien sûr, les « Maigret's » comme on pourrait les surnommer. Ils ont tellement marqué l'histoire de la Crim' que j'ai l'impression de les avoir tous connus ! Et puis il y a un homme un peu obscur, mais qui est le recordman du temps passé à la tête de la brigade de 1944 à 1952 : le Commissaire Pinault, celui qui a poursuivi les collabos en 1944 et 1945, qui a traqué Pierrot le Fou, Émile Buisson, René la Canne... Après lui, Max Fernet. Un cas ! Lui, je l'ai connu. Un patron de la Crim' surnommé « Max le Menteur », ce n'est pas courant. Soit il était un redoutable menteur, soit on lui a donné le surnom porté par Gabin dans *Touchez pas au Grisbi*. Je n'ai jamais su. Max, alors directeur du 36, a fait irruption dans les bureaux de la Mondaine en novembre 1965. Deux de nos collègues étaient mouillés dans l'affaire Ben Barka :

— Messieurs, il faut que vous oubliiez vos deux collègues : ils se sont comportés comme des crapules !

Cela m'avait choqué. On n'avait pas encore tous les éléments du dossier. Avec le recul, il avait raison. Un malin ce Max, il se renseignait discrètement sur le petit nouveau à la Crim' puis se précipitait vers lui, main en avant et tout sourire.

— Alors mon petit Tartempion, comment allez-vous ? Ça vous plaît la Crim ' ?

Je sais, il m'a fait le coup !

Et le commissaire Clot ? Un autre modèle de longévité : 1955-1962. Il va passer de la IVe à la Ve République, poursuivre les ravisseurs du petit Éric Peugeot, interroger François Mitterrand après l'attentat de l'Observatoire, traquer les tueurs du FLN, puis de l'OAS.

Maurice Bouvier, surnommé par Pierre Ottavioli « la statue du commandeur ». C'est un homme qui déteste perdre, tous les matins très tôt, il dispute une partie de tennis contre l'un de ses collègues. Son humeur en arrivant au 36 varie selon le résultat. C'est un Maigret au propre comme au figuré : fumeur de pipe, bougon, bourreau de travail, amoureux de son chez soi et de ses pantoufles. C'est lui qui a dirigé l'enquête sur l'attentat du Petit-Clamart. Je l'ai eu comme patron du 36.

S'il ne devait en rester qu'un, pour moi, juste pour moi – je revendique le droit à la partialité la plus totale, à la non-objectivité, aux sentiments qui prennent le pas sur le reste – mon patron pour toujours, c'est « Otta », Pierre Ottavioli, âgé aujourd'hui de quatre-vingt-dix ans. Il a été mon premier patron au 36 à la Mondaine, c'est lui qui m'appelle à la Crim' en 1975. Pierre que je tutoie aujourd'hui, ce qui est une de mes fiertés. Parce qu'il était intimidant le bougre, jamais un compliment, le regard bleu acier qui ne cillait pas, la parole rare et pesée. Pas facile le Corse. Un jour, il m'a dit :

— C'est un sacré flic cet Hildebrand !

— Mais pourquoi vous ne le lui dites pas patron ?

— Bof…

Otta droit dans ses bottes, qui gagne le surnom de Monsieur antirapt en créant une méthode, une doctrine. S'il y avait eu un couac, il aurait trinqué seul. Comme on a toujours gagné, on a levé nos verres tous ensemble.

Je vous ai parlé de Martine Monteil, de Marcel

Leclerc, de Jacques Genthial, pas encore de Frédéric Péchenard qui va devenir patron de la Crim' en 2000, tenir le choc lorsque la brigade est en première ligne pendant l'affaire Durn, comme on l'a vu. C'est lui qui tiendra la barre pendant l'affaire du bagagiste de Roissy, présenté par plusieurs journaux comme un dangereux terroriste, d'un membre d'Al Qaïda, Péchenard calmera le jeu. Il ne faudra que quelques jours à la Crim' pour démonter la machination familiale, le complot au rabais dont a été victime Abderrezak Besseghir.

Frédéric Péchenard est aujourd'hui, en 2012, directeur général de la Police nationale.

Il n'y a pas de grande Crim' sans de grands patrons. C'est pour cela que « la base » (oh que je déteste ce terme !), a besoin « d'admirer » son chef, de le respecter. Que les événements soient durs, que la hiérarchie dérape, que le gibier soit coriace : donnez-moi un bon chef et je ne crains rien ni personne ! C'est lui qui prend les coups, qui assume quand il y a un pépin. Il doit être juste, gueuler à bon escient, se relever le premier lorsque les autres sont à terre... Vous voyez, en bon flic, je ne peux pas m'empêcher d'en faire un portrait-robot !

Un mot, avant de sortir. Il manque un nom parmi ces patrons, le mien ! C'est un vrai regret, une vraie déchirure, j'aurais adoré ! Mais voilà, cela ne s'est pas fait. C'est ainsi. C'est la vie.

Vous l'aurez remarqué, la majorité des patrons de la Crim' se sont hissés au plus haut de la hiérarchie. Encore aujourd'hui, il semble qu'il y ait un plan de carrière tacite, une sorte de chemin idéal qui passe par la Crim'. Il faut avoir connu cette brigade, idéalement la diriger, pour s'asseoir dans le fauteuil du patron du 36, puis commander l'ensemble de la police française. Certains auraient dû suivre cette voie, mais la politique en a décidé autrement. Je pense à Marcel Guillaume, parti du 36 en 1937 avec un titre de sous-directeur, un peu déçu. Il paye la rançon d'une époque trouble où toute vérité n'était pas bonne à dire. Georges Massu, patron de la brigade pendant l'Occupation. Pierre Ottavioli, lui non plus, n'a jamais compris pourquoi il a déplu, sautant la case direction PJ pour filer à la police des polices, le fameux cimetière des éléphants. Marcel Leclerc, accusé d'être de droite, viré par Defferre. Fermer le ban. J'ose espérer que ces temps sont révolus, on a le droit de rêver ! On dit souvent que la Crim' est une armée et a, comme tous les corps combattants, ses soldats, ses lieutenants, ses capitaines et son général.

Sans de bons « hommes de troupe », la Brigade criminelle ne serait pas ce fameux « rouleau compresseur » capable de dénouer les affaires les plus inextricables. On l'aura compris, les seigneurs de la Crim', ce sont tous les policiers de la brigade, du dernier entré en date au vieux briscard. Tous. Sans exception.

Nous voici presque au terme de ce livre d'histoires et d'Histoire. S'appuyer sur le passé, même proche, pour comprendre le présent et imaginer l'avenir, c'est un peu ce que j'ai tenté de faire tout au long de ces pages. Je suis de ceux qui pensent que le « vieuconisme » (on me pardonnera ce néologisme), le « de mon temps » ou le « cétaitmieuxavantmabonnedame » sont d'une absurdité sans nom.

Chapitre XIV

Du passé ne faisons pas table rase

Les photos, les images, les papiers pelures jaunis, les procédures annotées dans la marge, j'en ai remués. Des livres, des mémoires, des récits, j'en ai lus. Je regarde souvent la première photo de famille connue de la Crim'. Elle date de 1921. Ces hommes en noir et blanc, figés par le photographe me fascinent. Ils ont tant à nous dire. J'ai eu la chance de travailler avec des historiens comme Charles Diaz*. Je l'écouterais des heures quand il se met à raconter ces histoires et toute cette Histoire.

Au contact du passé, j'ai eu l'impression de redécouvrir mon métier, de vivre de nouveau ma vie de flic. Et même d'autres existences, d'autres époques, prêt à grimper dans une De Dion Bouton, à courir après Jo Attia.

---

* *La fabuleuse histoire des grands flics de légende*, Charles Diaz, Éditions Jacob-Duvernet.

Je ne m'imaginais pas que nous nous ressemblions tous ; ceux de 1912, ceux de 1962, ceux de 2012. Avec cette passion de notre métier, cette fierté d'être « un de la Crim' », avec cette rigueur et cette humanité qui est notre règle. Avec toujours, aussi, ces interrogations : où passe la frontière entre le Bien et le Mal, l'ordre et le désordre, la loi et l'illégalité, entre la folie et la raison ?

Au-delà des murs du 36, ces questions se posent à tout policier. Nous ne sommes pas des magistrats, ni des psys, mais nous sommes les premiers à assembler le puzzle de la personnalité d'un criminel. Flics ? Oui ! De Paris ou d'ailleurs, mais surtout des hommes qui veulent comprendre, avancer dans leur connaissance de l'âme humaine.

Tout au long de ce voyage dans le passé, j'ai mis en avant de grandes affaires, des policiers qui ont marqué la brigade. Mais c'est au quotidien que nos sens s'aiguisent, que notre psychologie se développe, que ce soit face à un mari qui a tué sa femme dans un geste de colère, à un clochard encore ivre, une empoisonneuse, un banquier véreux, un terroriste fanatisé, un fou, un sadique, un psychopathe ou encore à un VIP...

J'ai couru après tous ces gens, cherché des pistes, des raisons d'espérer, parcouru des décombres après un attentat, suis entré dans un appartement avec du sang sur les murs, vu des familles s'effondrer, des vies se briser. Mais j'ai aussi vu la lueur victorieuse dans l'œil du policier qui recueille enfin des aveux, senti le soulagement de la famille qui sait la vérité, bu la coupe de champagne avec l'otage libéré. Depuis 1912, c'est la vie des flics de la Crim', qui traversent le temps, les modes, les techniques, jusqu'aujourd'hui.

La Crim' s'adapte, sait qu'elle a parfois un coup de retard sur le dernier mode opératoire en vogue, mais c'est une partie d'échec, elle a souvent le temps. On accepte de sacrifier une pièce, mais l'essentiel est de mettre mat le criminel. Nous vivons avec la société, pas en marge. Son évolution dicte nos procédures, parfois dans le bon sens, mais pas toujours.

Tenez, je vais vous confier quelque chose : je suis agacé par les lois faites sous le coup de l'émotion. Pas l'émotion du législateur ou du politique, non celle du public, parfois provoquée et entretenue.

Nous sommes au début du XXIe siècle et combien de lois sur la récidive ont-elles vu le jour depuis vingt ans ? À chaque fois qu'un ex-condamné sort puis frappe de nouveau, on remet ça ! Le législateur du XIXe siècle avait inventé la relégation. Six condamnations à plus de trois mois de prison et c'était le bagne à vie, direction Cayenne, la « guillotine sèche ». Résultat ? Désiré Landru, menacé de relégation, rien à perdre, tue sans hésiter pour que ses malheureuses victimes ne le dénoncent pas ! Henri Lafont, devient tortionnaire au service des nazis, il était un « relégué » lui aussi... J'ai connu la fin de la relégation avec le système des interdits de séjours et des villes ouvertes, cela n'a jamais empêché un voyou de tuer, ni un braqueur de braquer. La récidive n'est peut-être pas inéluctable, ce n'est pas avec des lois hâtives bâties sous la pression de l'événement qu'on la combattra. Il y a des récidivistes qu'il faut soigner, d'autres qu'il faut punir, d'autres qui sont irrécupérables.

C'est aussi cela que nous racontent les flics surgis du passé, tout le chemin parcouru par la Crim', toutes ces dates importantes. Je n'étais plus le même policier en 1983, après avoir quitté la Crim', le service qui m'a marqué, qui a forgé une grande part de ma personnalité policière. En fait, je ne l'ai jamais quittée, cette brigade, et même je n'ai jamais quitté le 36 avec son escalier, ses murs défraîchis, ses bureaux mal foutus, les rires, les nuits de tensions, les collègues devenus des amis... Franck Hériot, avec qui j'ai travaillé sur mon premier livre, a eu cette jolie phrase : « Ce sont les hommes qui fabriquent la mémoire des pierres, et non l'inverse ! » Je serai toujours là, dans la mémoire de la Crim', je n'y peux rien, c'est ainsi.

Je suis un des seigneurs du 36, appellation d'origine contrôlée, et je le revendique. Un seigneur comme les autres, qui s'est trompé, a gagné, a perdu, mais qui peut se regarder dans la glace sans baisser les yeux. Parce que être à la Crim', ce n'est pas regarder les autres de haut, c'est devoir être le meilleur, se défoncer, vivre pour cette brigade, tout ce qu'elle représente, être digne de son passé !

Au-delà de ces mots, du fait que « les seigneurs » ont toujours estimé avoir des obligations avant d'avoir des prétentions, la vie à la Crim' c'est l'amour et l'amitié. Et j'ai rencontré des « Seigneurs » partout en France ! Amour des hommes, parce que je ne conçois pas d'autres façons de faire ce métier de flic. Amitié, parce que notre univers favorise les coups de gueule, les coups de tabac, les coups du sort mais aussi les moments de joie !

Je regarde l'emblème de la Crim', ce chardon avec la devise « Qui s'y frotte, s'y pique ». Moi je me suis piqué d'Histoire, j'espère que la promenade tout au long de ces cent ans de Brigade criminelle vous a plu. Nous en parlerons, au détour d'un salon, d'une conférence, d'une rencontre... Ou d'un sentier du Gers, si vous passez par-là.

Paris, le 18 avril 2012

Les patrons de la Brigade criminelle

1924-1928	Émile Barthelemy
1928-1930	Raoul Nicolle
1930-1937	Marcel Guillaume
1937-1940	André Roches
1940-1943	Roger Weber
1943-1944	Georges Massu
1944-1952	Lucien Pinault
1952-1955	Max Fernet
1955-1962	Georges Clot
1962-1967	Maurice Bouvier
1967-1970	Gustave Jobard
1970-1974	Roger Poiblanc
1974-1979	Pierre Ottavioli
1979-1982	Marcel Leclerc
1982-1984	Jacques Genthial
1984-1985	Marcel Morin
1985-1989	Jean Dufour
1989-1992	Patrick Riou
1992-1994	Pierre Cavin
1994-1996	Christian Gallo
1996-2000	Martine Monteil
2000-2003	Frédéric Péchenard
2004-2007	Noël Robin
2007-2009	Loïc Garnier
2009-2010	Yvette Bertrand
2011-	Marc Thoraval

• *Histoire et dictionnaire de la Police*, Michel Auboin, Arnaud Teyssier et Jean Tulard, Éditions Robert Laffont.

• *Maigret,* Georges Simenon, Éditions Omnibus.

• *La fabuleuse Histoire des grands flics de légende*, Charles Diaz, Éditions Jacob-Duvernet.

• *Mes grandes enquêtes Criminelles*, le commissaire Marcel Guillaume, Éditions des Équateurs.

• *Simenon*, Pierre Assouline, Éditions Julliard.

• *Histoire de la Crim' 100 ans de crimes, d'Histoire et d'aveux*, Matthieu Frachon, Éditions Jean-Claude Gawsewitch.

• *36 Quai des Orfèvres, des hommes, un mythe*, Matthieu Frachon, Éditions du Rocher.

• *La Grande Maison,* Charles Chenevier, Éditions Presse de la Cité.

• *Échec au crime, 30 ans Quai des Orfèvres,* Pierre Ottavioli, Éditions Grasset.

• *Mémoires,* Robert Broussard, Éditions Stock.

• *Policiers français sous l'Occupation,* Jean-Marc Berlière et Laurent Chabrun, Éditions Tempus.

• *Les Postiches,* Patricia Tourancheau, Éditions Fayard.

• *Guy Georges, la traque,* Patricia Tourancheau (Éditions Fayard)

• *Pierre Lazareff ou le vagabond de l'actualité,* Yves Courrières, Éditions Gallimard.

• *Au cœur de la Préfecture de police, de la Résistance à la Libération* (3 tomes), Luc Rudolph, LBM.

• *36 Quai des Orfèvres Le dossier*, Roger Le Taillanter, Éditions Grancher.

• *La bande à Bonnot*, Paul Gordeaux, J'ai Lu.

• *Dictionnaire de la racaille*, Adolphe Gronfier, Éditions Horay.

• *Dictionnaire amoureux de la justice,* Maître Jacques Vergès, Éditions Plon.

• *L'abominable docteur Petiot,* Maître Jean-Marc Varaut, Éditions Balland.

• *Aveux Quai des Orfèvres*, Georges Massu, Éditions de la Tour Pointue.

blog de Georges Moréas, ancien patron de l'OCRB
http://moreas.blog.lemonde.fr/

Site de la société française d'Histoire de la Police
http://www.sfhp.fr/

Blog passionnant d'une jeune policière
http://polars.etc.over-blog.com/

Archives de la Préfecture de police

Archives de *France Soir*

Aux Éditions Jacob-Duvernet

Du même auteur

• *Histoire du 36 quai des Orfèvres*, 2010.

• *Histoire du 36 quai des Orfèvres illustrée*, avec Charles Diaz, 2011.

À consulter

• *Histoire(s) du RAID,* Amaury de Hautecloque, 2009.

• *Jacques Mesrine dit le grand, tomes 1 et 2, Jean-Marc Simon,* 2008-2009.

• *La fabuleuse histoire des grands flics de légende*, Charles Diaz, 2010.

• *La nouvelle épopée des Brigades du Tigre*, Charles Diaz, 2010.

• *Les grandes plaidoiries des ténors du barreau*, Matthieu Aron, 2010.

• *BRI, histoire d'une unité d'élite*, Danielle Thiéry, 2011.

• *Brigade de protection des mineurs*, Danielle Rouquié, 2011.

• *Histoire de l'Évêché, la police judiciaire marseillaise*, Alain Tourre, 2011.

• *Boulevard du crime*, Thierry Lévêque, 2011.

• *Ma vie à la Crim'*, Patrick Riou, 2012.

• *Police judiciaire, 100 ans avec la Crim' de Versailles,* Danielle Thiéry et Alain Tourre, 2012.

• *Crimes et châtiments* n°1, revue, janvier 2012.

• *Crimes et châtiments* n°2, revue, avril 2012.

Remerciements

À Charles Diaz, évidemment !

À Jean Pierre Birot, que j'ai failli perdre et qui est toujours là !

À ma Lily, ange de patience depuis... très longtemps !

À toute la Maison Jacob-Duvernet qui m'a supporté

À l'ensemble du personnel de la Préfecture de police et plus précisément Madame le Commissaire Françoise Gicquel (Archives de la PP), Monsieur Jean-Marc Gentil (Cabinet du préfet), Monsieur Christian Flaesch (Directeur du 36) et Richard Marlet (Directeur de la Statistique et de la documentation opérationnelle)

À ceux que j'ai « embêtés » pour suppléer ma mémoire ou préciser un point : Jacques Genthial, Ange Mancini, Jean-Pierre Duballet, René-Georges Querry, Roland Ségear

À mes lecteurs !

Pour vous tenir informé des prochaines publications
des Éditions Jacob-Duvernet,
contactez Louis de Mareuil :
louis.demareuil@editionsjd.com
01 42 22 63 65

ou rendez-vous sur le site
www.editionsjd.com

Achevé d'imprimer en avril 2012
sur les presses de Corlet Imprimeur
N° d'imprimeur : 146639

ISBN : 978-2-84724-398-7
Dépôt légal : mai 2012